Mittelmeerküche

Vielfältig und gesund

Mittelmeerküche

Vielfältig und gesund

Reader's Digest

Inhalt

1 *Vitaminreiche* Suppen und Salate

2 Schmackhafte Kleine Gerichte

3 Raffinierte Aufläufe und Gratins

4 *Hauptgerichte mit* Fleisch und Fisch

5 *Vielseitige* Vegetarische Gerichte

6 *Verführerische* Desserts

So *schmeckt* der Süden

Die mediterrane Küche hat viele Fans weltweit, und auch Ernährungswissenschaftler halten sie für sehr ausgewogen und empfehlenswert. Im Jahr 2013 erhielt sie eine besondere Auszeichnung: Sie gehört seither zum immateriellen Kulturerbe der UNESCO. In den Anrainerländern des Mittelmeers kam beim traditionellen Essen schon immer das auf den Tisch, was im eigenen Garten oder auf dem Feld wuchs, im Meer gefangen oder im Stall gehalten wurde. So entwickelte sich mit der Zeit eine maßvolle Ernährungsweise, deren Kennzeichen ein Mix aus frischem Obst und Gemüse, Getreideerzeugnissen, Hülsenfrüchten, Fisch, wenig Fleisch, pflanzlichen Fetten und Milchprodukten ist. Was sich aus diesem Grundstock Köstliches zubereiten lässt, zeigen die kulinarischen Spezialitäten der jeweiligen Landesküchen des Südens.

GESUND SCHLEMMEN

Die ursprünglichen Essgewohnheiten in Südeuropa gelten als gesund, wie zahlreiche Studien belegen. Der Schwerpunkt der mediterranen Ernährung liegt auf einer ballaststoffreichen Kost, die eine große Bandbreite an Vitaminen, Mineralstoffen und sekundären Pflanzenstoffen bietet und auf kalorienarme, aber äußerst schmackhafte Art sättigt. Viele Gerichte der Mittelmeerküche sind vegetarisch oder sogar vegan. Fleisch und Fisch werden in kleinen Portionen serviert, denn Qualität geht vor Quantität. Frische Kräuter sorgen für fantasievolle Würzaromen und sparen Salz ein. Eine weitere gesunde Proteinquelle stellen Hülsenfrüchte wie Bohnen, Kichererbsen und Linsen dar. Aus ihnen wird nicht nur Suppe gekocht, sondern sie werden auch, teils mit Nüssen oder Sesammus, zu köstlichen Pasten verarbeitet und als Vorspeisen serviert.

JEDES ESSEN EIN FEST!

Sorgfalt bei der Zubereitung, in Gemeinschaft essen, sich dabei viel Zeit lassen, verschiedene kleine Gänge genießen, sich austauschen und zusammen ein Gläschen Wein trinken – mediterrane Küche bedeutet Lebensqualität, Lebensfreude und Genuss.

GUTE FETTE

Ohne Olivenöl ist die Mittelmeerküche undenkbar. Raffiniertes Olivenöl mit einem hohen Rauchpunkt ersetzt beim Braten und Kochen tierische Fette wie Butter und Schmalz und macht die mediterrane Ernährung so gesund. Mit kalt gepresstem Olivenöl, in Italien als nativ oder extra vergine gekennzeichnet, werden nicht nur Fisch und Gemüse gedünstet, sondern vor allem die köstlichen Vorspeisen und frischen Salate zubereitet. Ein gutes Olivenöl steht daher fast immer auf dem Tisch bereit, um Brot darin zu dippen.

Die pflanzlichen Fette aus dem Olivenöl ebenso wie die Fette aus Nüssen, Mandeln, Pistazien und Pinienkernen, versorgen den Körper mit einfach ungesättigten Fettsäuren, was sich positiv auf das Herz-Kreislauf-System und den Cholesterinspiegel auswirkt. Fisch und Meeresfrüchte steuern gesunde Omega-3-Fettsäuren bei.

Tomaten, Auberginen, Zucchini, Peperoncini, Knoblauch, Mozzarella, gehobelter Parmesan, frische Kräuter wie Basilikum, Thymian, Rosmarin, Salbei, Petersilie und Lorbeer; dazu eine Riesenauswahl verschiedener Pastasorten und landeseigener Risotto-Reis, fangfrischer Fisch und Meeresfrüchte sowie köstliche Schinken, Würste und Fleischstücke: Das sind nur einige wenige Zutaten, aus denen in Italien mit Fantasie Gerichte entstehen, die zu Klassikern wurden und weltweit beliebt sind.

MEHRERE GÄNGE

Den Auftakt einer italienischen Mahlzeit bilden Antipasti. Zu diesen Vorspeisen zählen so köstliche Kreationen wie Insalata caprese aus fruchtigen Tomaten, Mozzarella, Basilikum und Olivenöl oder Carpaccio aus hauchdünn aufgeschnittenem Rindfleisch mit Rucola, fein gehobeltem Parmesan, Olivenöl und Trüffel. Beliebt sind Vitello tonnato aus gekochtem Rindfleisch in Thunfischsoße oder Bruschetta, geröstete Brotscheiben mit verschiedenem Belag, und vieles mehr. Der erste Gang, „il primo", besteht üblicherweise aus einem Pastagericht oder Risotto. Der Sugo für die Nudeln kann eine Fleischsoße sein wie bei Spaghetti Bolognese oder ein Pesto aus Basilikum, Parmesan, Pinienkernen und Olivenöl. Beim zweiten Gang, „il secondo", wird es etwas gehaltvoller. Hier wird Geschmortes wie Ossobuco, Kurzgebratenes wie Saltimbocca oder Fisch serviert. Den Abschluss der Mahlzeit bilden Obst und Käse – oder Dolci, süße Nachspeisen wie Zitronensorbet oder Tiramisu.

EIN FLADEN FÜR DIE WELT

Mehl, Wasser, Salz und Hefe – aus diesen wenigen Zutaten rührten und kneteten Neapolitaner einst den Teig für ein flaches Brot. Sie belegten den Teigfladen mit Knoblauch und Oregano bzw. Tomaten, Mozzarella, Basilikumblättern sowie Olivenöl, backten das Fladenbrot bei sehr hohen Temperaturen in einem Holzofen und hatten damit die Ur-Pizza erfunden, die bald schon die ganze Welt erobern sollte.

1001 PASTA

Hartweizengrieß und Wasser – basta! Fertig ist der italienische Nudelteig. Dieses „Reinheitsgebot" sollen Pastahersteller aus Genua bereits im Jahr 1547 festgelegt haben. Für die „pasta secca" (trockene Nudeln) gilt dieses Gebot bis heute. In einen frischen Nudelteig gehören jedoch immer auch Eier. Sie sind neben dem Mehl maßgeblich für die Bissfestigkeit der frischen Nudeln. Unendlich scheint die Formenvielfalt italienischer Pastasorten. Als Ravioli, Tortellini oder Mezzelune werden sie mit Gemüse-, Fleisch- oder Käsecremes gefüllt.

La dolce vita – *Italien*

Spanien zeichnet sich durch seine vielfältige Küche aus, die von unterschiedlichen Landschaften wie Gebirgen, Hochebenen und Küsten und von ganz verschiedenen Klimaverhältnissen geprägt ist. Je nach Landstrich kommen viel Fleisch oder viel Fisch und Meeresfrüchte – manchmal auch alles in einem Gericht kombiniert – auf den Tisch. Meist wird mit Olivenöl, selten mit Schmalz oder Butter, gekocht und Gemüse als eigenständiger Gang serviert. Das gilt auch für reichhaltige Eintöpfe mit Hülsenfrüchten oder im Sommer für eine eisgekühlte Gazpacho aus ungekochtem Gemüse. Mit der Entdeckung Amerikas hielten dann bald auch Früchte und Gemüse aus der neuen Welt, die in Europa zuvor noch völlig unbekannt waren wie die Tomate, die Kartoffel und die Paprika Einzug in die spanische Küche.

MAURISCHES ERBE

Einen großen Einfluss, vor allem auf die Küche im Süden des Landes, hatten die Mauren, Angehörige verschiedener Berberstämme aus Nordafrika, die jahrhundertelang diese Gegend besiedelten. Mit ihnen kam die Bitterorange nach Spanien und später mit den portugiesischen Seefahrern süße Orangen aus China. Ein weiteres Mitbringsel der Mauren waren Gewürze wie Safran und Kreuzkümmel sowie Mandelbäume, deren Früchte zu Soßen und Süßigkeiten verarbeitet werden.

PIKANTE HÄPPCHEN

Ein paar Mandeln oder Oliven, Datteln im Speckmantel, zarte Fleischklößchen in fruchtiger Tomatensoße, frittierte Sardinen oder Baby-Tintenfische, Kartoffeln in Salzkruste oder Kroketten, in Olivenöl gebratene Garnelen mit Knoblauch, ein paar Scheiben würziger Serrano-Schinken oder in kleine Stücke geteilte Tortilla – das ist nur eine kleine Auswahl an Tapas oder Pinchos. Diese warmen oder kalten Snacks, die mit einem Zahnstocher zusammengehalten werden, serviert man in Bodegas oder speziellen Tapas-Bars in kleinen Schalen zum Wein. Die kleinen Köstlichkeiten zeigen den kreativen Umgang der spanischen Küche mit den typischen Produkten des Landes und entsprechen den im östlichen Mittelmeerraum und im Nahen Osten gebräuchlichen Mezze oder Mezédes.

SPANISCHER KLASSIKER: PAELLA

Dieses Nationalgericht der Region Valencia und der spanischen Ostküste ist heute weltweit beliebt: die Paella. Zubereitet wird Paella in riesigen, kreisrunden gusseisernen Pfannen, bei Festen oftmals auch auf offenem Feuer. Es existieren zahlreiche Varianten des Pfannengerichts aus Langkornreis, der mit Safran appetitlich und leuchtend gelb gefärbt wird. Neben Gemüse kommen in der Regel Hähnchenfleisch und Meeresfrüchte in die Paella.

Viva España!

Traum in blau-weiss – Griechenland

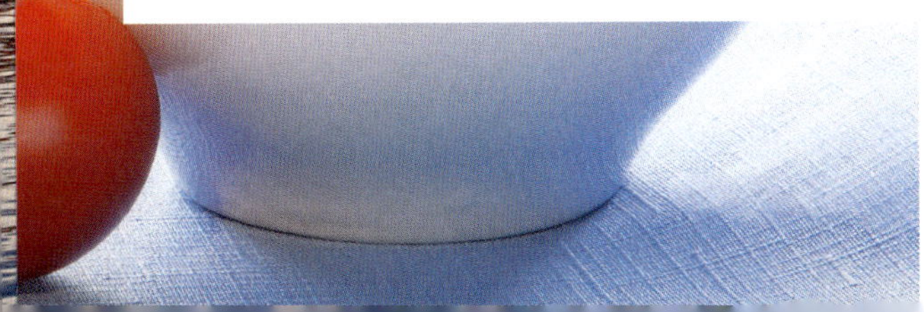

Türkei, Orient und *Nordafrika*

Ausgiebige Mahlzeiten in Gesellschaft – das gehört zur griechischen Esskultur. Gemüsegerichte, Salate und saftiges Obst stehen immer auf dem Speiseplan. Lamm und Schwein kommen als Fleischspieß, Kotelett oder Bifteki auf den Grill – und im Winter darf es gern ein deftiges Stifado sein, ein Schmorgericht aus Lamm- oder Kaninchen. Beliebt sind Aufläufe wie Moussaka, vegetarisch oder mit Hackfleisch, sowie Suppen aus Hülsenfrüchten oder Hühnchen und Zitrone.

FRISCH UND GUT GEWÜRZT

Fisch und Meeresfrüchte bereitet man fangfrisch zu, vor allem gefüllten Oktopus und frittierte Tintenfischringe. Gewürzt wird in Griechenland reichlich mit Knoblauch. Dazu kommen Oregano, Dill, Thymian, Minze, Petersilie und Fenchelgrün. Neben den Kräutern kommt auch das landeseigene Olivenöl zum Einsatz, mit dem der frische Salat verfeinert wird.

KÖSTLICHE MÉZEDES

In Griechenland gibt es zum Getränk immer eine Kleinigkeit zu essen. Die bunte Auswahl an kalten und warmen Appetithäppchen, Mezédes oder Oretiká, ist unglaublich vielseitig: Die berühmten Dolmades, gefüllte Weinblätter, gehören ebenso dazu wie Zaziki, ein erfrischender Joghurt mit Gurke, Hackfleischbällchen, Zucchinipuffer, kleine Pasteten aus Filoteig, gebratener Käse, Auberginencreme, in Teig ausgebackene Auberginen- oder Zucchinischeiben oder Taramosalata aus Fischrogen. Zu allem wird Pita gereicht, ein flaches Fladenbrot, das sich auch gut füllen lässt.

DER KÄSE AUS DER SALZLAKE

Aus Schafs- oder Ziegenmilch entsteht ein weiterer großer Exportschlager aus Griechenland: Feta-Käse. Die geronnene Milch wird gepresst, der Bruch mit viel Salz und Molke in Fässer geschichtet. Mit der Zeit entsteht ein halbfester

Schnittkäse mit einem Fettgehalt von etwa 45 % i.Tr. Der Käse wird aufgeschnitten („Feta" bedeutet „Scheibe") und in der Lake schwimmend angeboten. Feta schmeckt pur in Salaten oder mit ein paar Oliven. Er wird über Aufläufe gestreut und mitgebacken oder paniert und gebraten.

TRADITIONELLER SCHMORTOPF

Im Winter und in den nördlichen Bergregionen Griechenlands wird deftiger gekocht: Stifado, ein herzhafter Fleischeintopf, gilt als griechisches Nationalgericht. Es erhält sein unverwechselbares Aroma durch viele Zwiebeln und durch Gewürze wie Zimt, Nelken, Kümmel und Wacholderbeeren sowie Kräuter, darunter Thymian, Lorbeer und Bohnenkraut. Nach dem Anbraten schmort das Fleisch lange im Topf: So verbinden sich alle Komponenten aufs Köstlichste! Dazu schmecken Kartoffeln oder Kritharaki, griechische Nudeln in Reiskornform.

Südfrankreich

Gartenfrisches Obst und knackiges Gemüse, grüne und schwarze Oliven in würzigen Marinaden, bunte Salate wie der Salade Niçoise sowie Suppen mit Pistou (grüne Sauce, dem italienischen Pesto vergleichbar) oder gefülltes und im Backofen gegartes Gemüse: Die Küche Südfrankreichs verarbeitet all das, was vor Ort wächst auf originelle Weise in Köstliches.

DER FANG DES TAGES

Die Auswahl an Fisch und Meeresfrüchten an Südfrankreichs Küste ist riesig, entsprechend groß ist das Angbot an kulinarischen Zubereitungen. Fisch und Meeresfrüchte werden gegrillt, in Pergamentpapier gegart oder zusammen mit anderen Zutaten im Ofen gebacken. Kombiniert entsteht aus verschiedenen Mittelmeerfischen die weltberühmte Bouillabaisse, zu der traditionell Rouille, eine Mayonnaise mit Pfefferschoten, gehört.

OLIVEN UND ÖLE

Kleine aromatische schwarze Oliven bereichern viele südfranzösische Gerichte. Manchmal werden sie für den Aperitif oder für Salate mit Gewürzen, den Schalen von Zitrusfrüchten und frischen Kräutern in Olivenöl mariniert. Auch mit Kapern, Sardellen und Knoblauch schmecken sie hervorragend, ebenso püriert als Tapenade. Diese Olivenpaste wird auf Baguette als Amuse-Gueule gereicht. Gekocht wird mit Olivenöl, gelegentlich verwendet man auch Walnusskernöl für Salate.

WÜRZIGE AROMEN

Südfrankreich exportiert seinen unnachahmlichen Duft in alle Welt: als Herbes de Provence. Die Gewürzmischung besteht aus wild wachsenden Kräu-

tern wie Oregano, Bohnenkraut, Fenchel, Rosmarin, Thymian, Lorbeer und Lavendel. Sie ist unverzichtbar für die Küche und würzt Gemüse, Fleisch, Fisch, Suppen, Eintöpfe, Aufläufe, Marinaden und Würzöle. Das grobkörnige Meersalz, Fleur de Sel, wird auch als „weißes Gold der Camargue" bezeichnet und noch heute im Spätherbst in den weitläufigen Salzgärten in Handarbeit geerntet.

An der Adriaküste des Balkans geht die mediterrane Küche eine enge Verbindung mit den herzhafter gewürzten Genüssen des Balkans ein. In den Küchen der Region verarbeitet man sehr viel Gemüse, insbesondere Paprika, Auberginen und Zucchini, aber auch reichlich frischen Fisch und Meeresfrüchte. Letztere landen gern auf dem Grill ebenso wie Fleisch, das nicht zu knapp mit Knoblauch und Paprika gewürzt wird: Beliebt sind Ražnjici, Fleischspieße und Cevapcici, Hackfleischwürstchen, sowie Pljeskavica, Hacksteak. Dazu schmeckt Djuvec-Reis mit Paprika und Tomaten.

EIN HAUCH VON ORIENT

Fladenbrot, Pita und gefüllte Weinblätter erinnern an die Herrschaft der Osmanen in Teilen des Balkans. Die klassische Pita wird hier jedoch aus einem Strudel- oder Yufkateig hergestellt. Für diese Variante der Pita bestreicht man riesige Teigblätter großzügig mit einer Masse aus Ei und Käse und belegt sie mit Kartoffelwürfeln, Blattspinat oder anderem Gemüse. Zur Schnecke aufgerollt oder in eine Auflaufform geschichtet backt man den gefüllten Teig im Ofen. Wird die herzhafte Strudelteigschnecke mit Hackfleisch zubereitet, dann nennt man das Gericht Burek.

PIKANTE WÜRZPASTE

Früher bestand Ajvar ausschließlich aus roten Paprikaschoten. Sie wurden gehäutet, geröstet und in heißem Öl zu Mus gegart. Das konnte ein paar Stunden dauern. Mittlerweile besteht die Paste nicht mehr nur aus Paprika, sondern auch zu einem Teil aus Auberginen. Das Gemüse wird zuerst im Ofen angeröstet, danach gehäutet und mit reichlich Knoblauch, Zwiebeln, Zitronensaft, Salz, Pfeffer und scharfen Peperoni in einem Mixer zu einer Paste verarbeitet. Ajvar passt sehr gut zu gegrilltem Fleisch, Rohkost und würzt Reis.

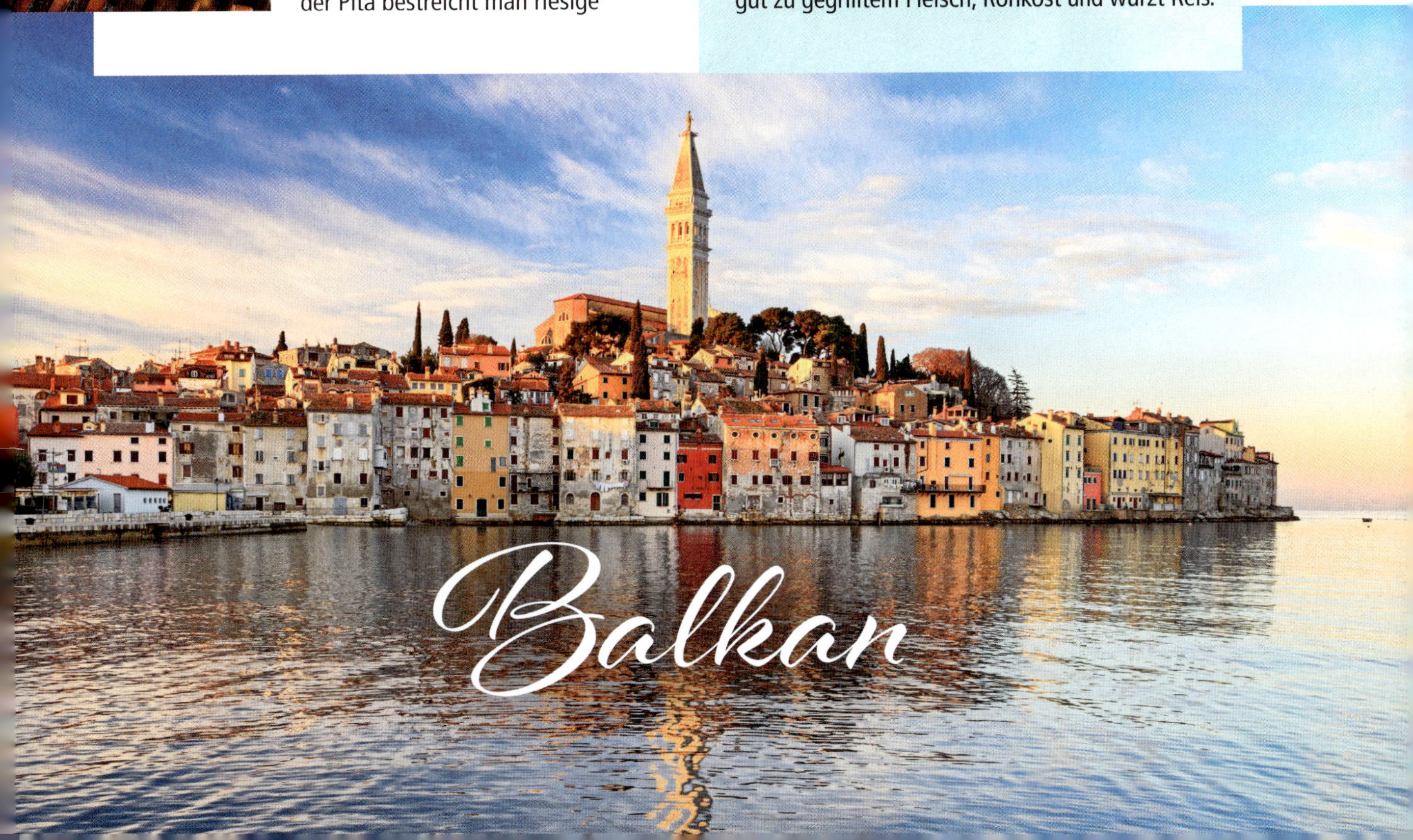

Türkei, Orient und Nordafrika

Reichlich Gemüse, gesunde Fette aus Fisch, Nüssen und Olivenprodukten, wenig Fleisch und eine Vielzahl von frischen Kräutern, Gewürzen und Gewürzmischungen charakterisieren die Küche dieser Mittelmeerregionen. Typisch für deren kulinarische Tradition ist die immense Auswahl an köstlichen Kleinigkeiten. Die Mezze und Salate kommen dabei in vielen kleinen Schüsseln frisch auf den Tisch.

GETREIDE, GEMÜSE UND HÜLSENFRÜCHTE

Bulgur wird als Tabboulé mit fein gehackter frischer Petersilie und Pfefferminze, aromatischen Tomaten und Schalotten zu einem erfrischenden Salat. Couscous, mit Nüssen und getrockneten Früchten verfeinert, dient häufig als Beilage. Eine Gemüsepfanne, z. B. aus Tomatenmark, Auberginen und Paprika, kombiniert mit Eiern, wird gern als Shakshuka oder Menemen zum Frühstück serviert. Eine besonders beliebte Hülsenfrucht ist die Kichererbse. Sie wird in Vorspeisen und Salaten, in Eintöpfen sowie als Grundzutat für Bratlinge und auch als Creme und Paste verarbeitet.

TAJINE, KÖFTE, KEBAP

Lamm, Kalb, Rind und Geflügel oder Fisch schmort man häufig in der Tajine, einer Art orientalischem Römertopf, damit es zart und weich auf den Teller kommt. Klein gehackt oder geschnitten wird Fleisch gern in Form von Hackbällchen gebraten oder auf einem Spieß gegrillt. Kleine wie große Fische werden meist im Ganzen gebraten oder gegrillt, seltener als Filets oder in Stücken.

FASTFOOD VEGAN

Falafel sind frittierte Bällchen aus pürierten Bohnen oder Kichererbsen. Serviert werden diese köstlich krossen Bällchen meistens mit Sesammus oder Hummus, einer Paste, die ebenfalls aus Kichererbsen zubereitet wird. Falafel schmecken als veganer Snack mit eingelegtem oder gebratenem Gemüse und Pitabrot. Als schnellen Imbiss auf die Hand bekommt man Falafel in einem aufgeklappten, gerösteten Pitabrot mit etwas Gemüse oder Salat und verschiedenen Soßen gereicht.

GEKONNT GEWÜRZT

Auf den Basaren ist das Angebot an Gewürzen in mannigfachen Farben und wunderbaren Aromen und Düften riesengroß. Gewürzt wird in diesen Regionen des Mittelmeers vor allem mit Chili (Pul Biber), Kardamom, Koriander, Kreuzkümmel, Safran, Sumach und Zimt. Hinzu kommen

typische Gewürzmischungen wie Baharat, Ras-el-Hanout und Za'atar. Sie alle verleihen auf ihre Art den Gerichten dieser Mittelmeerregionen das gewisse Etwas. Eine wunderbare Ergänzung sind die fruchtigen Aromen von Granatapfelkernen, Salzzitronen, Orangenblüten- oder Rosenwasser und Harissa, eine scharfe Würzpaste mit Chili.

Vitaminreiche
Suppen und Salate

Nudelsalat mit Ziegenkäse und Wassermelone

4 Portionen / Zubereitungszeit 30 Minuten

200 g Vollkorn-Penne
120 g Ziegenkäse, zerbröckelt
½ kleine Wassermelone, entkernt und in Würfel geschnitten
100 g Rucola

3 EL Pinienkerne, geröstet
2 kleine Chicoréeköpfe in Einzelblättern
4 Scheiben magerer Prosciutto, in Streifen geschnitten

Minzdressing:
2 ½ EL mildes Olivenöl
1 EL Limettensaft
1 EL Balsamico-Essig
1 EL frische Minze, gehackt
frisch gemahlener Pfeffer

1 Nudeln in einem großen Topf mit kochendem Wasser nach Packungsanweisung al dente kochen. Kalt abschrecken, abtropfen lassen und zum Abkühlen beiseitestellen.

2 Für das Minzdressing Öl, Limettensaft, Balsamico-Essig und Minze in einem Schraubglas gut durchschütteln. Mit frisch gemahlenem Pfeffer würzen.

3 Ziegenkäse über die abgekühlten Nudeln streuen, die Wassermelone zugeben. Das Dressing darübergießen und vorsichtig durchmischen. Anschließend Rucola und Pinienkerne zugeben.

4 Vor dem Servieren den Salat in einer Schüssel mit Chicoréeblättern und Schinken mischen. Alternativ können Sie die Chicoréeblätter auch auf Tellern arrangieren, den Salat darauf anrichten und mit den Prosciuttostreifen garnieren.

Salat Niçoise mit Rindfleisch

4 Portionen / Zubereitungszeit 45 Minuten

1 mageres Rumpsteak, etwa 350 g, pariert
grob gemahlener Pfeffer
¼ TL getrocknete Kräuter der Provence (nach Geschmack)
500 g kleine Kartoffeln
200 g grüne Bohnen
185 g Saubohnen, geschält
200 g Kirschtomaten, halbiert
90 g gemischte Oliven, entsteint
2 EL Schnittlauch, gehackt
15 g frische Petersilie, gehackt
90 g Babyspinatblätter
3 Romanasalatköpfe, in einzelne Blätter zerteilt

Senf-Vinaigrette:
2 EL natives Olivenöl extra
1 EL Rotweinessig
2 TL Dijonsenf
Salz
frisch gemahlener Pfeffer

1 Steak mit Küchenpapier trocken tupfen. Von beiden Seiten mit Pfeffer und getrockneten Kräutern würzen. Beiseitestellen.

2 Kartoffeln in einen Topf mit kochendem Wasser geben und 10 Minuten kochen lassen. Beide Bohnensorten zugeben und weitere 5 Minuten garen, bis alle Gemüse gerade so weich werden. In ein Sieb geben und zum Abkühlen mit kaltem Wasser überspülen.

3 Kartoffeln und Bohnen mit Tomaten, Oliven, Schnittlauch und Petersilie in eine große Schüssel geben. Beiseitestellen.

4 Eine geriffelte Grillpfanne aus Gusseisen oder eine beschichtete Bratpfanne erhitzen. Das Steak auf jeder Seite 2 ½ Minuten braten. Dann ist es „rare". Wer den Gargrad „medium" oder „well done" bevorzugt, lässt es länger garen. Herausnehmen, auf einen Teller legen und 5 Minuten ruhen lassen.

5 Währenddessen die Zutaten für die Vinaigrette mit 2 TL Wasser in ein Schraubglas geben, nach Geschmack mit Salz und Pfeffer würzen. Zum Mischen schütteln.

6 Das Steak in etwa 5 mm breite Streifen schneiden und auf das Gemüse geben. Den Fleischsaft, der sich auf dem Schneidebrett gesammelt hat, zum Dressing geben. Das Dressing über Fleisch und Gemüse gießen und gut durchmischen. Spinat- und Salatblätter anrichten. Steaksalat daraufgeben und mit warmem Baguette sofort servieren.

Spinat-Pancetta-Salat

12 Portionen / Zubereitungszeit 25 Minuten

250 g Pancetta oder Frühstücksspeck, in 5 mm breite Streifen geschnitten
300 g Babyspinat
230 g Gorgonzola, zerbröselt
200 g Cocktailtomaten
1 kleiner Granatapfel, ohne Kerne

Dressing:
4 EL Rapsöl
3 EL Tomatenketchup
2 EL Zucker
2 EL fein geschnittene Zwiebeln
2 EL Apfelweinessig
2 EL Olivenöl
1 ½ TL Worcester-Soße
¼ TL Meersalz
¼ TL gemahlener Pfeffer

1 Alle Zutaten des Dressings in ein Glas mit dicht schließendem Deckel geben und gut schütteln. Bis zum Servieren gut kühlen.

2 Die Pancetta in einer Pfanne bei mittlerer Hitze 5 Minuten anbraten, bis sie knusprig ist. Herausnehmen und auf Papiertüchern abtropfen lassen.

3 Den Spinat auf einer großen Platte ausbreiten und den Käse, die Tomaten und die Pancetta darüber verteilen. Kurz vor dem Servieren das Dressing noch einmal schütteln und über den Salat träufeln. Zum Schluss die Granatapfelkerne darüberstreuen.

Minestrone

6 Portionen / Zubereitungszeit 120 Minuten

1 EL extra natives Olivenöl
1 große Zwiebel, fein gehackt
3–4 Knoblauchzehen, fein gehackt
200 g getrocknete Cannellini- oder Borlotti-Bohnen, über Nacht eingeweicht und abgegossen
1 Dose Roma-Tomaten im eigenen Saft (etwa 400 g)
2 EL Tomatenmark
200 g Karotten, gewürfelt
150 g Kohlrüben, gewürfelt
150 g Knollensellerie, gewürfelt
150 g Kürbis, gewürfelt
1 TL frische Thymianblätter
1 Lorbeerblatt
3 Pimentkörner, zerdrückt
200 g Kartoffeln, gewürfelt
155 g grüne Bohnen, in Stücken
100 g kleine Nudeln (z. B. Farfallini oder gebrochene Spaghetti)
125 g Spinat, gehackt
20 g frisches Basilikum, in Streifen
Salz
frisch gemahlener Pfeffer
50 g Parmesan, gerieben, zum Servieren

1 Das Öl in einem großen Topf erhitzen, die Zwiebel und den Knoblauch zugeben, zudecken und etwa 4–5 Minuten unter gelegentlichem Rühren anbraten, bis die Zwiebel glasig ist. Die Cannellini- oder Borlotti-Bohnen hinzugeben und 2 l Wasser zugießen. Aufkochen und etwa 10 Minuten kochen lassen, dann Hitze reduzieren, den Topf zudecken und 30 Minuten köcheln lassen.

2 Die Tomaten mit dem Saft zugießen, dabei mit einer Gabel zerteilen. Das Tomatenmark, die Karotten, Kohlrüben, den Knollensellerie und Kürbis zugeben. Den Thymian, Lorbeer und das zerdrückte Piment einrühren und erneut zum Köcheln bringen. Den Topf zudecken und weitere 20 Minuten köcheln.

3 Die Kartoffeln und grünen Bohnen einrühren und zugedeckt weitere 15 Minuten köcheln lassen. Nun die Pasta zugeben und zugedeckt noch 10 Minuten köcheln lassen, bis die Bohnen weich und die Nudeln bissfest sind.

4 Spinat und Basilikum zugeben und nach Geschmack mit Salz und Pfeffer würzen. Ohne Deckel 2–3 Minuten köcheln lassen, bis der Spinat zusammenfällt. Die Suppe in vorgewärmte Suppenteller geben und sofort servieren. Den geriebenen Parmesan zum Darüberstreuen reichen.

Spinat-Zwiebelsuppe

4 Portionen / Zubereitungszeit 90 Minuten

30 g Butter
1 EL extra natives Olivenöl
500 g große Zwiebeln, in dünne Scheiben geschnitten
1 TL feiner Zucker
2 Knoblauchzehen, gehackt
1 l Gemüsebrühe, vorzugsweise selbst gekocht
120 g Brokkoli in kleinen Röschen
125 g grünen Blattspinat
Salz
frisch gemahlener Pfeffer

Tomaten-Crostini:
8 dicke Baguettescheiben
1 Knoblauchzehe, halbiert
2 TL Tomatenmark
2 Tomaten, geachtelt
35 g frisch geriebener Parmesan

1 Die Butter und das Öl in einem großen Topf schmelzen, die Zwiebeln zugeben und etwa 10 Minuten unter gelegentlichem Wenden anbraten, bis die Scheiben weich und blass golden sind. Den Zucker und Knoblauch unterrühren und weitere 10 Minuten braten. Gelegentlich umrühren, damit nichts anbrennt. Die Zwiebeln sollten braun und karamellisiert sein.

2 Die Brühe einrühren, etwas würzen und kurz aufkochen lassen. Die Hitze reduzieren, den Topf zudecken und etwa 30 Minuten köcheln lassen. Die kleinen Brokkoliröschen zugeben und weitere 3 Minuten köcheln lassen. Den Topf vom Herd nehmen und den Spinat unterheben. Nun den Topf wieder zudecken und stehen lassen, während die Tomaten-Crostini zubereitet werden.

3 Den Grill auf hohe Stufe vorheizen und die Baguettescheiben auf beiden Seiten toasten. Eine Seite jeder Scheibe mit der zerschnittenen Knoblauchzehe einreiben und dünn mit Tomatenmark bestreichen. Je 2 Tomatenstücke auf eine Scheibe legen, mit Salz und Pfeffer würzen und den Parmesan darüberstreuen. Nun alle Scheiben etwa 2 Minuten grillen, bis der Käse geschmolzen ist.

4 Die Suppe auf vier vorgewärmte Suppenteller oder Schüsseln verteilen. Je 2 Tomaten-Crostini in jedem Suppenteller schwimmen lassen und sofort servieren.

Jakobsmuschel-Zitrusfrucht-Salat

8 Portionen / Zubereitungszeit 35 Minuten

1 rote/rosa Grapefruit
1 weiße Grapefruit
1 Orange
300 g gemischte grüne Salatblätter
2 rote Birnen, in dünne Scheiben geschnitten
50 g Mehl
16 Jakobsmuscheln
40 g Butter
2 EL Olivenöl
125 ml fertiges Balsamico-Dressing

1 Die Grapefruits und die Orange mit einem kleinen Messer gründlich schälen, in Segmente teilen und diese häuten. Dazu die Frucht über eine Schüssel halten, die Segmente zwischen den Häuten einschneiden und die Haut abziehen. Den Saft in der Schüssel auffangen und beiseitestellen.

2 Die Salatblätter auf acht Teller verteilen. Die Birnenscheiben und Zitrusfrucht-Segmente über die Salatblätter verteilen.

3 Das Mehl in eine flache Schüssel geben und die Jakobsmuscheln darin wenden. Überschüssiges Mehl abschütteln. Butter und Öl in einer großen Pfanne erhitzen und die Jakobsmuscheln auf beiden Seiten bei mittlerer Hitze jeweils etwa 2 Minuten anbraten, bis sie leicht golden werden und das Fleisch fest und undurchsichtig wird.

4 Die Jakobsmuscheln auf die Salatteller verteilen und das Balsamico-Dressing sowie je etwa 1 EL des aufgefangenen Safts der Zitrusfrüchte darüberträufeln.

Spanische Tomaten-Paprika-Suppe mit Chorizo

4 Portionen / Zubereitungszeit 40 Minuten

1 rote Zwiebel, ungeschält und geviertelt
2 rote Paprikaschoten, längs halbiert
4 Eiertomaten, halbiert
2 ungeschälte Knoblauchzehen
500 ml Hühnerbrühe
400 g rote Kidneybohnen aus der Dose
100 g Chorizo, gewürfelt
2 TL Balsamico-Essig
Salz
frisch gemahlener Pfeffer
15 g Basilikumblätter

1 Den Backofengrill auf höchster Stufe vorheizen. Zwiebel, Paprika und Tomaten mit den Schnittflächen nach oben auf einem Backblech verteilen. Den Knoblauch dazulegen.

2 Das Gemüse 6–8 Minuten grillen, bis es oben leicht angeschwärzt ist. Zwiebel, Paprika und Tomaten häuten, die Knoblauchzehen aus den Schalen drücken.

3 Die Hälfte des Gemüses in kleine Stücke schneiden und in einen Topf füllen. Das restliche Gemüse mit dem Knoblauch und der Brühe in der Küchenmaschine oder mit dem Stabmixer pürieren und ebenfalls in den Topf geben. Alles verrühren. Die Bohnen in ein Sieb schütten, abspülen und abtropfen lassen.

4 Die Suppe unter gelegentlichem Rühren aufkochen lassen, Bohnen, Chorizo und Balsamico zugeben und unterrühren. Abschmecken und abgedeckt noch 2–3 Minuten köcheln lassen. Kurz vor dem Servieren das Basilikum unterrühren.

Orangensalat mit Rucola und Fenchel

2 Portionen / Zubereitungszeit 25 Minuten

60 g Rucola
1 kleine Fenchelknolle
2 unbehandelte Orangen
8 Kirschtomaten
2 EL Pinienkerne
20 g Parmesan
2 EL heller Balsamico-Essig
1 TL Honig oder Agavensirup
Salz
frisch gemahlener Pfeffer
1 Prise Chilipulver
2 EL Oliven- oder Arganöl

1 Rucola verlesen, dabei harte Stiele entfernen. Anschließend waschen, trocken schwenken und auf zwei Tellern anrichten. Fenchel putzen und waschen. Knolle halbieren, mit dem Gemüsehobel in feine Streifen hobeln; auf dem Rucola verteilen.

2 Eine Orange schälen und quer in Scheiben schneiden. Die zweite Orange halbieren. Eine Hälfte schälen und ebenfalls in Scheiben schneiden, die andere auspressen.

3 Die Orangenscheiben um Rucola und Fenchel legen. Die Kirschtomaten waschen, halbieren und auf dem Salat verteilen. Die Pinienkerne ohne Fett in einer beschichteten Pfanne rösten; über den Salat streuen. Den Parmesan in groben Spänen darüberhobeln.

4 Essig, Orangensaft und Honig bzw. Agavensirup in ein Schraubdeckelglas geben. Salz, Pfeffer, Chilipulver und Öl hinzufügen. Glas verschließen und kräftig schütteln. Das Dressing über die Salatportionen träufeln.

Sardinensalat mit Mandeln

2 Portionen / Zubereitungszeit 25 Minuten

Saft und abgeriebene Schale einer unbehandelten Orange
frisch gemahlener Pfeffer
2 EL extra natives Olivenöl
½ kleine rote Zwiebel, halbiert, in dünnen Ringen
180 g gemischte Blattsalate, junger Spinat oder Rucola
1 rote und 1 gelbe Paprika, geviertelt
210 g Sardinen, abgetropft
40 g ungeschälte Mandeln, in Scheiben

1 Den Backofengrill auf höchster Stufe vorheizen oder eine Grillpfanne stark erhitzen. Orangensaft und -schale mit etwas Pfeffer in eine Salatschüssel geben und verquirlen. Unter ständigem Rühren nach und nach das Öl zugießen. Zwiebelscheiben und Blattsalate, Spinat oder Rucola zufügen und in dem Dressing wenden.

2 Die Paprika im Backofen oder in der Pfanne 8–10 Minuten unter mehrmaligem Wenden grillen, bis die Haut dunkel wird und Blasen wirft und das Fleisch weich ist.

3 Unterdessen die Sardinen mit einem scharfen Messer längs aufschneiden und die Rückengräten entfernen.

4 Die Paprika abkühlen lassen, häuten und in dünne Streifen schneiden. Paprika und Sardinen zum Salat geben und unterheben. Den fertigen Salat mit den Mandeln bestreuen und servieren.

Mangoldsalat mit Feta, Zwiebeln und Walnüssen

4 Portionen / Zubereitungszeit 40 Minuten

600 g Mangold
1 Orange
1 EL Olivenöl
2 rote Zwiebeln, in Spalten geschnitten
100 g Walnusskerne
30 g Kürbiskerne

1 TL gemahlener Kreuzkümmel
1 TL Zimtpulver
1 TL Ahornsirup
1 roter Apfel, in Scheiben geschnitten
100 g Feta, zerbröselt

Dressing:
2 EL natives Olivenöl
1 EL Rotweinessig
1 TL Ahornsirup
1 TL Dijon-Senf
1 kleine Knoblauchzehe, zerdrückt

1 Die weißen Stängel vom Mangold entfernen. Die Blätter in Streifen schneiden und in einen Dämpfeinsatz geben. Einen großen Topf mit wenig Wasser füllen, den Dämpfeinsatz hineingeben und den Mangold ca. 5 Minuten dämpfen, bis er gerade zusammenfällt; dabei gelegentlich wenden. Danach mit kaltem Wasser abspülen, damit er nicht weitergart.

2 Die Orangenschale oben und unten gerade abschneiden, damit die Frucht sicher auf der Arbeitsfläche steht. Mit einem scharfen Messer von oben nach unten hinter der Haut entlangfahren, um die Schale mitsamt Haut zu entfernen. Die geschälte Orange in die Hand nehmen und die Filets mit dem Messer links und rechts entlang der Scheidewände einkerben, um die einzelnen Segmente auszulösen.

3 Das Öl in einer großen Pfanne erhitzen. Die Zwiebeln darin bei mittlerer Hitze 10 Minuten braten, bis sie karamellisieren. Walnüsse, Kürbiskerne und Gewürze zufügen. Sobald die Gewürze ihr Aroma entfalten, den Ahornsirup einrühren und 1 Minute mitkochen. Dann vom Herd nehmen.

4 Für das Dressing alle Zutaten in einer kleinen Schale mischen. Den Mangold auf einem großen Servierteller anrichten. Apfelscheiben, Orangenspalten und Zwiebelmischung darauf verteilen. Das Dressing darüberträufeln und vorsichtig unterheben. Dann den Feta über den Salat streuen.

Oliven-Caprese-Salat

10 Portionen / Zubereitungszeit 70 Minuten

- 250 ml plus 2 EL Rotweinessig
- 110 g Zucker
- 1 Sternanis
- ½ rote Zwiebel, in dünne Ringe geschnitten
- 1 kg alte Tomatensorten, in Spalten geschnitten
- 250 g Kirschtomaten, halbiert
- 125 g grüne Oliven, entkernt, halbiert
- 200 g Bocconcini (Mozzarellakugeln), in Scheiben
- 3 EL Olivenöl
- 2 EL Limettensaft
- je 1 EL frisches Basilikum, Estragon, Minze und Koriander, fein gehackt
- 1 Chili, dünn geschnitten
- 1 ½ TL abgeriebene Schale einer unbehandelten Limette
- ¼ TL Salz (optional)

1 Essig in einem kleinen Topf mit Zucker und Sternanis aufkochen lassen. Dabei rühren, bis sich der Zucker aufgelöst hat. Die Pfanne vom Herd nehmen und etwas abkühlen lassen, dann die Zwiebeln unterheben. 30 Minuten beiseitestellen.

2 Tomaten mit Oliven, Bocconcini, Kräutern und Chili in eine große Salatschüssel geben. Sternanis aus der Zwiebelmischung fischen, Zwiebeln anschließend abgießen, dabei 2 Esslöffel der Marinade zurückbehalten. (Die restliche Marinade entsorgen oder für andere Zwecke verwenden). Zwiebeln zur Tomatenmischung geben.

3 Öl, Limettensaft und -schale und die beiden extra Esslöffel Essig in einer kleinen Schüssel verschlagen, die Tomatenmischung damit übergießen. Mit der zurückbehaltenen Marinade beträufeln und vorsichtig mischen, bis alles gut mit dem Dressing überzogen ist. Auf Wunsch mit Salz abschmecken. Sofort servieren.

Französische Zwiebelsuppe

4 Portionen / Zubereitungszeit 30 Minuten

400 g große Zwiebeln
1 Knoblauchzehe
1 EL Butter
½ TL Kümmelsamen
2 EL Mehl
1 l Rinderbrühe
250 ml trockener Weißwein (z. B. Riesling)
4 Scheiben Weiß- oder Toastbrot
Salz
frisch gemahlener Pfeffer
frisch geriebene Muskatnuss
2 EL Olivenöl
100 g geriebener Gruyère oder Emmentaler

1 Die Zwiebeln schälen und in feine Ringe hobeln oder schneiden. Knoblauchzehe schälen und fein hacken. Die Butter in einem Topf erhitzen, Zwiebelringe und Knoblauch hineingeben und darin glasig werden lassen. Den Kümmel dazugeben, alles mit Mehl bestäuben und 1 Minute anschwitzen.

2 Die Rinderbrühe und den Weißwein dazugießen, unter Rühren aufkochen und 10 Minuten köcheln lassen, dabei gelegentlich umrühren.

3 Den Grill oder den Backofen auf 250 °C vorheizen. Die Brotscheiben im Toaster rösten. Die Suppe mit Salz, Pfeffer und Muskat abschmecken.

4 Jede Brotscheibe diagonal in vier Stücke teilen. Die Suppe auf ofenfeste Suppentassen verteilen und mit dem Brot bedecken. Das Brot mit dem Olivenöl beträufeln und mit dem Käse bestreuen; etwa 5 Minuten im heißen Ofen goldbraun überbacken. Sofort servieren.

Knoblauchsuppe mit getrockneten Tomaten

4 Portionen / Zubereitungszeit 25 Minuten

75 g getrocknete Tomaten	800 ml Gemüsebrühe
250 g Zucchini	4 Knoblauchzehen
2 Schalotten	Salz
4 EL Olivenöl	frisch gemahlener Pfeffer
2 TL Kräuter der Provence	2 EL Zitronensaft

1 Die getrockneten Tomaten fein würfeln. In einer kleinen Schüssel mit 300 ml kaltem Wasser übergießen und 10 Minuten einweichen.

2 In der Zwischenzeit die Zucchini waschen, putzen und in feine Streifen schneiden. Die Schalotten schälen und fein würfeln.

3 Die Hälfte des Olivenöls in einem Topf erhitzen. Die Schalotten und die Zucchinistreifen darin 2 Minuten unter Rühren dünsten. Anschließend die Kräuter untermischen und die eingeweichten Tomaten mitsamt der Einweichflüssigkeit dazuschütten.

4 Die Gemüsebrühe zu der Zucchinimischung gießen und alles aufkochen. Die Suppe zugedeckt 10 Minuten bei schwacher Hitze köcheln lassen.

5 In der Zwischenzeit die Knoblauchzehen schälen und grob zerkleinern. Den Knoblauch mit Salz bestreuen und mit einem Messerrücken zu einem feinen Mus zerdrücken. Den Knoblauch in die Suppe einrühren.

6 Die Suppe mit Pfeffer und Zitronensaft abschmecken. Auf vier Teller verteilen und jede Portion mit ½ EL Olivenöl beträufeln.

Süßkartoffelsuppe mit Jakobsmuscheln

4 Portionen / Zubereitungszeit 25 Minuten

600 g große Süßkartoffeln
2 Schalotten
4 EL Olivenöl
150 ml trockener Weißwein (z. B. Grauburgunder)
650 ml Hühnerbrühe
1 EL Zitronensaft
Salz
frisch gemahlener Pfeffer
8 ausgelöste Jakobsmuscheln (Nüsschen)
4 Scheiben Serranoschinken
150 g Sahne
Cayennepfeffer
geriebene Muskatnuss
Außerdem: 4 Schaschlikspieße

1 Die Süßkartoffeln schälen und in etwa 1 cm große Würfel schneiden. Die Schalotten schälen und fein würfeln. 2 EL Olivenöl in einem Topf erhitzen und die Schalotten darin glasig dünsten.

2 Die Süßkartoffeln in den Topf geben und kurz mit den Schalotten dünsten. Den Wein und die Hühnerbrühe dazugießen. Alles aufkochen und zugedeckt 15 Minuten köcheln lassen, bis die Kartoffeln weich sind.

3 In der Zwischenzeit in einer Schale 1 EL Olivenöl, den Zitronensaft und etwas Salz und Pfeffer verrühren. Die Jakobsmuscheln quer halbieren und in der Zitronensaftmischung wenden.

4 Jede Schinkenscheibe quer in 5 Streifen schneiden. Muscheln und Schinkenstreifen abwechselnd auf die Schaschlikspieße stecken.

5 In einer beschichteten Pfanne 1 EL Olivenöl erhitzen und die Muschelspieße darin 5 Minuten braten; zwischendurch wenden.

6 Die Spieße bei ausgeschalteter Herdplatte oder schwächster Hitze 2 Minuten ziehen lassen. Die Sahne in den Topf zur Flüssigkeit gießen und alles mit dem Stabmixer pürieren.

7 Die Suppe mit Salz, Pfeffer, Cayennepfeffer und Muskat abschmecken. Auf vorgewärmte Suppenteller oder Suppentassen verteilen und die Muschel-Schinken-Spieße darauf anrichten.

Spinatsuppe mit Schafskäse

4 Portionen / Zubereitungszeit 15 Minuten

300 g TK-Blattspinat	100 g Crème fraîche
2 Schalotten	1 EL Zitronensaft
2 Knoblauchzehen	Salz
2 EL Olivenöl	frisch gemahlener Pfeffer
1 EL Mehl	frisch geriebene Muskat-
800 ml Hühnerbrühe	nuss
100 g Schafskäse (Feta)	einige rosa Pfefferkörner

1 In einem Topf 200 ml Wasser zum Kochen bringen. Den gefrorenen Spinat dazugeben und zugedeckt in etwa 15 Minuten bei schwacher Hitze auftauen und garen lassen, dabei ab und zu umrühren.

2 Inzwischen die Schalotten schälen und fein würfeln. Die Knoblauchzehen schälen und fein hacken.

3 Das Olivenöl in einem zweiten Topf erhitzen. Schalottenwürfel und Knoblauch darin glasig dünsten. Das Mehl darüberstreuen und kurz anschwitzen.

4 Die Hühnerbrühe unter kräftigem Rühren dazugießen und aufkochen lassen, dabei gelegentlich umrühren. 5 Minuten köcheln lassen. In der Zwischenzeit den Schafskäse raspeln oder in kleine Würfel schneiden.

5 Den Spinat mitsamt der Garflüssigkeit in den Topf zur Brühe geben. Das Ganze mit dem Stabmixer pürieren. Crème fraîche und Zitronensaft hinzufügen und die Suppe cremig aufschlagen.

6 Die Spinatsuppe mit Salz, Pfeffer und Muskatnuss würzen. Auf vorgewärmte Suppenteller verteilen. Mit dem zerkleinerten Schafskäse und rosa Pfefferkörnern bestreuen; servieren.

Griechische Zitronensuppe

4 Portionen / Zubereitungszeit 25 Minuten

1,3 l Hühnerbrühe	frisch gemahlener Pfeffer
100 g Langkornreis (parboiled)	10 Blättchen Zitronenmelisse
1 Lorbeerblatt	2 Eier
250 g Hähnchenbrustfilet	4 EL Zitronensaft
Salz	½ unbehandelte Zitrone

1 Die Brühe mit Reis und Lorbeerblatt in einem Topf zum Kochen bringen, dann 10 Minuten zugedeckt bei schwacher Hitze köcheln lassen.

2 Inzwischen das Hähnchenbrustfilet in Streifen schneiden. Mit Salz und Pfeffer würzen. Eine Tasse Brühe aus dem Topf nehmen und etwas abkühlen lassen. Das Fleisch in den Topf geben und die Suppe 8 Minuten köcheln lassen, bis das Fleisch gar und der Reis körnig ist.

3 Währenddessen 6 Zitronenmelisseblättchen in Streifen schneiden. Die Eier in einer Schüssel mit einem Schneebesen schaumig schlagen; die abgekühlte Brühe (Tasse) und den Zitronensaft nach und nach unter die Eier rühren.

4 Von der Zitronenhälfte die Schale mit einem Zestenreißer in Streifen abziehen oder fein abreiben. Den Topf von der Kochstelle nehmen. Die Eier-Zitronen-Soße nach und nach unter kräftigem Rühren in die Suppe gießen.

5 Den Topf mit der Suppe wieder auf die Kochstelle setzen. Die Suppe bei schwacher Hitze erwärmen, dabei mit dem Schneebesen rühren. Wichtig: Die Suppe darf auf keinen Fall mehr kochen.

6 Die Zitronensuppe mit Salz und Pfeffer abschmecken. Die Zitronenmelissestreifen und die Hälfte der Zitronenschale unterrühren. Die Suppe auf Teller verteilen. Mit den Kräuterblättchen und der restlichen Zitronenschale garnieren; sofort servieren.

Spargel-Erdbeer-Salat mit Minze

2 Portionen / Zubereitungszeit 25 Minuten

300 g weißer Spargel
Salz
Zucker
1 Orange
150 g Erdbeeren
1 EL Agavensirup
frisch gemahlener Pfeffer
10 g Ingwer
4 Stängel Minze

1 Den Spargel schälen und die holzigen Enden abschneiden. In einem Topf Wasser mit Salz und etwas Zucker zum Kochen bringen. Den Spargel hineingeben und in etwa 12 Minuten bissfest garen.

2 Inzwischen die Orange schälen, filetieren und die Spalten quer in Stückchen schneiden. Den dabei austretenden Saft auffangen.

3 Die Erdbeeren waschen, putzen, abtropfen lassen und in Stücke schneiden. Den Spargel aus dem Wasser heben und abtropfen lassen. Die Stangen schräg in 2 cm lange Stücke schneiden. Spargel-, Erdbeeren- und Orangenstücke in einer Schüssel behutsam mischen.

4 Für die Marinade den Orangensaft mit dem Agavensirup und etwas Pfeffer verrühren. Den Ingwer schälen und durch die Knoblauchpresse dazudrücken oder hineinreiben.

5 Die Marinade über die Salatzutaten träufeln. Alles gut vermischen und den Salat etwa 1 Stunde durchziehen lassen. Mit Minze garnieren.

Salat aus gegrillten Tomaten

4 Portionen / Zubereitungszeit 30 Minuten

4 Scheiben Baguette
5 EL Olivenöl
10 Eiertomaten
2 Knoblauchzehen
150 g Rucola
1 EL Balsamico-Essig
1 EL Zitronensaft
Salz
frisch gemahlener Pfeffer
100 g grüne Oliven, entsteint

1 Die Brotscheiben in Würfel schneiden. In einer beschichteten Pfanne 3 EL Olivenöl erhitzen und die Brotstücke darin rundum kross anbraten. Diese auf einen Teller geben und bis zum Servieren beiseitestellen. Den Elektro- oder Holzkohlegrill vorheizen.

2 Die Tomaten waschen und halbieren. Stielansätze herausschneiden. Den Knoblauch abziehen und in Scheiben schneiden. Je 2 Knoblauchscheiben in die Schnittflächen der Tomatenhälften stecken.

3 Die Tomaten mit den Schnittflächen nach oben auf ein Blech setzen und unter dem heißen Grill 3–4 Minuten garen. Dann umdrehen und weitere 3 Minuten grillen. Zum Grillen auf Holzkohle die Tomaten mit den Schnittflächen nach unten auf ein Stück Alufolie setzen. Mit der Folie auf den Grillrost legen und 3–4 Minuten grillen. Die Tomaten wenden und in 3 Minuten fertig grillen.

4 Inzwischen den Rucola waschen und trocken schütteln. Die Stiele entfernen, die Blätter in mundgerechte Stücke teilen und auf Tellern auslegen. Für die Vinaigrette Balsamico-Essig, Zitronensaft, Salz, Pfeffer und 2 EL Öl aufschlagen.

5 Die gegrillten Tomaten auf die Rucolablätter setzen und mit der Vinaigrette beträufeln. Die Oliven dazwischen verteilen und die Brotwürfel darüberstreuen. Den lauwarmen Salat sofort servieren.

Kalte Tomatensuppe mit Basilikum

4 Portionen / Zubereitungszeit 70 Minuten

2 kg reife Tomaten	frisch gemahlener Pfeffer
1 kleine Zwiebel	200 g Crème double
1 Bund Basilikum	2 EL Tomatenmark
125 ml Wasser	1 Prise Zucker
1 TL getrockneter Oregano	Salz

1 Die Tomaten waschen, halbieren und die Stielansätze entfernen. Die Zwiebel schälen und grob hacken. Das Basilikum waschen, trocken tupfen und die Blättchen abzupfen. Die Hälfte der Basilikumblättchen in feine Streifen schneiden.

2 Die Tomaten und die Zwiebel mit Wasser, Oregano, reichlich Pfeffer und der nicht geschnittenen Hälfte der Basilikumblättchen in einem Topf unter Rühren aufkochen und zugedeckt bei niedriger Hitze etwa 1 Stunde köcheln lassen.

3 Die Suppe lauwarm abkühlen lassen und durch ein feines Sieb passieren oder mit einem Pürierstab pürieren. Für 2 Stunden zugedeckt kühl stellen.

4 Die Crème double esslöffelweise mit dem Schneebesen in die Suppe rühren. Das Tomatenmark unterrühren und mit Zucker und Salz abschmecken. Die Suppe mit den Basilikumstreifen bestreuen und sofort servieren.

Schmackhafte
Kleine Gerichte

Baba Ganoush

8 Portionen / Zubereitungszeit 90 Minuten

3 kleine Auberginen, Gesamtgewicht ca. 680 g
2 große Knoblauchzehen, ungeschält
25 g Mandelmehl (gemahlene Mandeln)
1 EL Zitronensaft
1 EL Kreuzkümmelpulver
1 EL extra natives Olivenöl
160 g griechischer Joghurt
40 g schwarze Oliven, entkernt und zerkleinert
Salz
frisch gemahlener Pfeffer
¼ TL Paprikapulver
4 schwarze Oliven, entkernt und halbiert

1 Den Backofen auf 180 °C vorheizen. Jede Aubergine mit der Gabel an mehreren Stellen einstechen, auf ein leicht gefettetes Backbleck legen und 40 Minuten rösten. Dabei gelegentlich drehen. Die Knoblauchzehen hinzulegen und weitere etwa 20 Minuten rösten, bis die Auberginen sehr weich sind.

2 Die Auberginen etwas abkühlen lassen, dann der Länge nach in Viertel schneiden, schälen, das Fruchtfleisch in ein Sieb geben und 15 Minuten lang abtropfen lassen.

3 Möglichst viel Flüssigkeit aus den Auberginen pressen. Den Knoblauch aus der Schale drücken. Auberginenfleisch, Knoblauch, Mandelmehl, Zitronensaft, Kreuzkümmelpulver und Öl in einen Mixer geben und pürieren. (Oder: Die Zutaten in eine Schüssel geben und mit dem Stabmixer pürieren.) Den Joghurt und die zerkleinerten Oliven untermischen, mit Salz und frisch gemahlenem Pfeffer würzen und beiseitestellen.

4 Den Dip in eine Schüssel geben, mit Paprikapulver bestreuen und mit den Olivenhälften garnieren.

Crostini mit Mozzarella

4 Portionen / Zubereitungszeit 50 Minuten

1 große Fenchelknolle
60 ml extra natives Olivenöl
1 rote Paprikaschote
1 gelbe Paprikaschote
1 kleine rote Zwiebel
2 TL Balsamico-Essig
Salz
frisch gemahlener Pfeffer
150 g Mozzarella, in Würfel geschnitten
100 g Salatblätter
15 g frische Basilikumblätter
1 Ciabatta, in dicke Scheiben geschnitten
1 Knoblauchzehe, halbiert

1 Den Grill (Backofen) auf hoher Stufe vorheizen. Die Fenchelknolle der Länge nach halbieren und dann der Länge nach in 1 cm breite Scheiben schneiden. Dabei aber den Boden nicht ganz durchschneiden, sodass die Blätter noch zusammenhängen. Mit der Schnittfläche nach unten auf ein Backblech legen und dünn mit 1 TL des Öls bepinseln.

2 Die Paprikaschoten und die Zwiebel halbieren und ebenfalls mit der Schnittfläche nach unten auf das Backblech legen. Das Gemüse 10–15 Minuten lang grillen (backen) und dabei einmal wenden. Der Fenchel sollte angebräunt sein, die Paprikaschoten und die Zwiebeln sollten weich und an einigen Stellen leicht geschwärzt sein.

3 Das Gemüse auf ein Brett heben. Die beim Grillen (Backen) ausgetretene Flüssigkeit vom Blech in eine kleine Schüssel gießen und das restliche Öl und den Essig unterrühren. Das Dressing mit Salz und frisch gemahlenem Pfeffer würzen.

4 Die Paprikaschoten und die Zwiebel in dicke Streifen schneiden. Die Fenchelhälften ganz voneinander trennen, sodass die Scheiben nicht mehr zusammenhängen. Das gesamte Gemüse in eine große Schüssel geben, mit dem Dressing komplett übergießen und gut mischen. Die Mozzarellastücke sowie die grünen Salat- und Basilikumblätter auf das Gemüse legen, ohne sie unterzumischen.

5 Die Ciabattascheiben nebeneinander auf ein Backblech legen und 2–3 Minuten grillen oder rösten, bis sie auf beiden Seiten goldbraun sind. Eine Seite jeder Scheibe mit den Schnittflächen der halben Knoblauchzehe einreiben.

6 Nun auch den Mozzarella und die grünen Blätter unter die Gemüsestreifen mischen, sodass sie sich gut verteilen. Die Mischung auf die Brote häufen und sofort servieren.

Gefüllte überbackene Zucchini

4 Portionen / Zubereitungszeit 90 Minuten

4 große Zucchini, jeweils ca. 230 g
150 g Langkornreis
2 Romatomaten, entkernt und gehackt
1 Ei, leicht verschlagen
1 ½ EL frische Minze, gehackt (optional)
frisch gemahlener Pfeffer
375 g Lammhack
250 g passierte Tomaten
1 Zwiebel, gehackt
2 Knoblauchzehen, gepresst
1 TL frischer Rosmarin, gehackt oder ½ TL getrockneter Rosmarin
25 g geriebener Parmesan

1 Ofen auf 190 °C vorheizen. Die Zucchini der Länge nach halbieren und das weiche Innere mit einem Teelöffel ausschaben. Das verbleibende Fruchtfleisch sollte 1 cm dick sein. Das Innere grob hacken.

2 Ausgehöhlte Zucchini in eine flache Auflaufform legen, mit Alufolie abdecken und 20 Minuten backen, bis sie beim Einstechen weich sind.

3 Währenddessen den Reis 12–15 Minuten lang in leicht gesalzenem Wasser kochen, bis er gerade weich wird. Abgießen und 5 Minuten quellen lassen. Dann Tomaten, Ei und eventuell die Minze zugeben und mit frisch gemahlenem Pfeffer würzen. Beiseitestellen.

4 Lamm bei mittlerer Hitze in die Pfanne geben. Unter ständigem Rühren 5 Minuten bräunen. Zwiebel und Knoblauch zugeben und 5 Minuten garen, bis die Zwiebel weich ist. Passierte Tomaten, Zucchinifleisch und Rosmarin einrühren. Die Mischung zum Kochen bringen, dann Hitze reduzieren und 10–15 Minuten ziehen lassen. Die Reismischung unterheben.

5 Die ausgehöhlten Zucchini mit der Masse füllen und mit Parmesan bestreuen. 15–20 Minuten goldbraun und knusprig backen. Sofort anrichten und servieren.

Spanakopita aus Griechenland

6 Portionen / Zubereitungszeit 55 Minuten

2 EL Olivenöl
1 große Zwiebel, gehackt
2 Knoblauchzehen, gepresst
40 g Pinienkerne, geröstet
200 g TK-Blattspinat, aufgetaut
3 reife Tomaten, fein gehackt und abgetropft
125 g Ricotta
100 g Feta, zerbröselt
1 Prise frisch geriebene Muskatnuss
frisch gemahlener Pfeffer
6 Filo-Teigblätter

1 Ofen auf 190 °C vorheizen. 1 EL Öl in einer Pfanne erhitzen, Zwiebel und Knoblauch zugeben und bei schwacher Hitze unter gelegentlichem Rühren 8 Minuten lang weich dünsten. Spinat und Tomaten zugeben und etwa 6 Minuten kochen lassen. Mischung in eine große Schüssel umfüllen und etwas abkühlen lassen.

2 Ricotta und Feta mit den Pinienkernen in die Spinatmischung einrühren. Mit Muskatnuss, etwas Salz und frisch gemahlenem Pfeffer würzen.

3 Eine Auflaufform (ca. 28 × 20 cm) leicht einölen. Boden und Seitenwände mit zwei Filo-Teigblättern auskleiden. Wenn nötig, überlappen lassen. Den überschüssigen Teig über den Rand hängen lassen. Mit der Hälfte der Spinatmischung bedecken und diese bis in die Ecken gleichmäßig glattstreichen. Mit zwei weiteren Teigblättern abdecken. Noch eine Schicht Spinatmischung zugeben.

4 Die überhängenden Teigblätter oben zusammenfalten, die beiden verbleibenden Teigplatten darauflegen und an den Rändern fest einschlagen. Oberfläche leicht mit dem restlichen Öl bepinseln und 25 Minuten knusprig und goldbraun backen.

Türkisches Brot mit Feta und Gemüse

4 Portionen / Zubereitungszeit 65 Minuten

4 Tomaten, gewürfelt
60 g Tomatenmark
3 Knoblauchzehen, gepresst
1 Pide (Fladenbrot), horizontal halbiert)
1 EL frischer Rosmarin, fein gehackt
1 TL Fenchelsamen
60 ml Olivenöl
1 Aubergine, in dünne Scheiben geschnitten
1 rote und 1 gelbe Paprika, jeweils in dünne Streifen geschnitten
1 EL Cider-Essig
1 TL Zucker
6 Frühlingszwiebeln, der Breite nach halbiert und in Streifen geschnitten
1 Prise getrocknete rote Chiliflocken (optional)
frisch gemahlener Pfeffer
100 g Feta, zerbröselt

1 Ofen auf 240 °C vorheizen. Tomaten, Tomatenmark und die Hälfte des Knoblauchs in eine große Schüssel geben und durchmischen. Auf dem Pide verteilen. In derselben Schüssel Rosmarin, Fenchelsamen, Öl und restlichen Knoblauch mischen.

2 Auberginenscheiben und Paprikastreifen auf ein Backblech legen und sparsam, aber gründlich mit dem Kräuteröl bepinseln. Acht Minuten lang backen, bis das Gemüse gerade weich wird. Wenden und weitere 8 Minuten backen. Aus dem Ofen nehmen. Ofen auf 220 °C herunterschalten.

3 Essig und Zucker in das übrige Kräuteröl rühren. Frühlingszwiebeln und gegebenenfalls Chiliflocken zugeben, mit frisch gemahlenem Pfeffer würzen. Paprikastreifen zugeben und gut durchmischen.

4 Pide mit der Hälfte der Paprikamischung belegen und mit überlappenden Auberginenscheiben abdecken. Übrige Paprikamischung obenauf geben und mit dem gesamten Kräuteröl aus der Schüssel beträufeln. Das Pide auf das Backblech legen, das zum Rösten des Gemüses verwendet wurde. Feta darüberstreuen, leicht mit einer Gabel andrücken und 10–15 Minuten backen, bis der Feta goldbraun wird und das Gemüse gebräunt ist. Jedes Pide vierteln. Zwei Stücke pro Portion servieren.

Kräuterpolenta mit Gorgonzola

4 Portionen / Zubereitungszeit 40 Minuten

750 ml salzreduzierte Gemüsebrühe
180 g Instant-Polenta
2 EL frische gehackte glatte Petersilie
1 EL frischer gehackter Oregano oder Majoran
Salz
frisch gemahlener Pfeffer
100 g Gorgonzola
125 g Ricotta
1 EL extra natives Olivenöl
gemischte grüne Salatblätter zum Anrichten

1 Die Gemüsebrühe im Topf aufkochen. Die Polenta langsam und stetig ins kochende Wasser rieseln lassen und dabei umrühren. Etwa 5 Minuten (oder nach Packungsanleitung) köcheln lassen, bis sie eingedickt ist und sich von der Topfwand löst.

2 Die Petersilie und den Oregano oder Majoran einrühren und mit Salz und frisch gemahlenem Pfeffer würzen. Die Polenta auf einem eingefetteten Backblech zu einem etwa 1 cm dicken Rechteck von rund 20 × 18 cm Seitenlänge formen. An einem kühlen Ort etwa 1 Stunde fest werden lassen.

3 Den Grill (Backofen) auf hoher Stufe vorheizen. Den Gorgonzola in einer Schüssel mit dem Ricotta vermengen und beiseitestellen. Die Oberseite der Polenta dünn mit dem Olivenöl bestreichen und die Polenta anschließend in 12 Rechtecke von etwa 5 × 6 cm schneiden. Mit der mit Öl bestrichenen Seite nach oben auf den Grillrost legen und etwa 8 bis 10 Minuten grillen (rösten), bis die Oberseite leicht angebräunt ist.

4 Die Polentastücke umdrehen und mit der Gorgonzolamischung bestreichen. Weitere 2 – 3 Minuten grillen, bis der Käse geschmolzen und leicht angebräunt ist. Dann die Polenta noch heiß auf den gemischten grünen Salatblättern servieren.

Bruschetta mit Grillgemüse

4 Portionen / Zubereitungszeit 30 Minuten

1 rote Paprikaschote	60 ml Olivenöl	Salz
1 gelbe Paprikaschote	1 Ciabatta	frisch gemahlener Pfeffer
2 kleine Zucchini	2 Knoblauchzehen, halbiert	6 frische Basilikumblätter
1 Fenchelknolle	1 kleine Tomate, halbiert	
1 rote Zwiebel		

1 Einen Holzkohlegrill oder Tischgrill auf hoher Stufe vorheizen. Die Paprikaschoten der Länge nach in je 8 Streifen schneiden. Die Zucchini diagonal in dünne Scheiben schneiden. Den Fenchel der Länge nach in dünne Streifen schneiden. Die Zwiebel in dicke Ringe schneiden.

2 Das Gemüse mit ein wenig Olivenöl bestreichen und auf dem heißen Grillrost oder dem Tischgrill ausbreiten, sodass alles nebeneinanderliegt. Die Paprikaschoten sollten mit der Haut nach unten liegen. Das Gemüse auf einer Seite etwa 8–10 Minuten grillen, bis die Stücke leicht angebräunt, aber noch fest sind. Die Haut der Paprikaschotenstreifen sollte schwarz werden und Blasen werfen. Wenn nötig, Gemüse portionsweise auf den Grill legen und warmhalten.

3 In der Zwischenzeit vier dicke Scheiben Ciabatta abschneiden und auf beiden Seiten leicht toasten.

4 Je eine Seite der getoasteten Scheiben mit der Schnittfläche der Knoblauchzehen und Tomate einreiben. Das gegrillte Gemüse darauflegen. Mit dem restlichen Olivenöl beträufeln und mit Salz und frisch gemahlenem Pfeffer würzen. Die Basilikumblätter grob in Stücke reißen und über das Gemüse streuen. Sofort servieren.

Tintenfisch mit Harissa und Tomaten

4 Portionen / Zubereitungszeit 20 Minuten

2 EL Olivenöl	250 g rote Zwiebeln, sehr fein gehackt	Salz
1 EL Zitronensaft	2 TL Balsamico-Essig	frisch gemahlener Pfeffer
2 EL Harissa	½ TL Zucker	2 EL frischer Koriander, fein gehackt
600 g Tintenfischringe	1 Knoblauchzehe, gepresst	Korianderzweige zum Garnieren
300 g reife Tomaten, in dünnen Scheiben		

1 Grillpfanne oder eine schwere beschichtete Bratpfanne erhitzen. 1 EL Öl mit Zitronensaft und Harissa mischen. Die Tintenfischringe rundum mit der Mischung bepinseln. Beiseitestellen.

2 Tomaten, Zwiebeln, restliches Öl, Balsamico-Essig, Zucker und Knoblauch vermengen. Mit Salz und frisch gemahlenem Pfeffer würzen. Beiseitestellen.

3 Tintenfischringe in die Grill- oder Bratpfanne geben und unter regelmäßigem Wenden 2 – 2 ½ Minuten braten, bis sie gerade so gar sind.

4 Tomaten-Zwiebel-Mischung auf vier Teller verteilen, Tintenfischringe daraufgeben. Mit dem gehackten Koriander bestreuen und mit Korianderzweigen garnieren.

Patatas bravas

4 Portionen / Zubereitungszeit 50 Minuten

750 g festkochende Kartoffeln, geschält und in Spalten geschnitten
4 Knoblauchzehen, ungeschält
3 EL Olivenöl
2 EL frische Petersilie, gehackt

Soße:
2 EL Olivenöl
1 Zwiebel, fein gehackt
2 Knoblauchzehen, zerdrückt
1 TL edelsüßes Paprikapulver
½ TL Zucker
½ TL Cayennepfeffer (nach Geschmack)
410 g stückige Tomaten aus der Dose
Salz
frisch gemahlener Pfeffer

1 Den Backofen auf 200 °C vorheizen. Die Kartoffelspalten und Knoblauchzehen gut in dem Öl durchmischen und in einer Lage auf einem mit Backpapier ausgelegten Backblech verteilen. Etwa 35–40 Minuten backen, bis sie knusprig und goldbraun sind. Dabei einmal wenden.

2 Während die Kartoffeln im Ofen sind, die Soße herstellen. Das Öl in einem Topf erhitzen, die Zwiebel und den Knoblauch zugeben und etwa 5 Minuten anbraten, bis sie weich sind. Paprika und Cayennepfeffer zugeben und 1 Minute umrühren. Tomaten und Zucker zugeben und etwa 20 Minuten köcheln lassen, bis die Soße eingedickt ist. Nach Geschmack mit Salz und frisch gemahlenem Pfeffer würzen.

3 Die Kartoffeln salzen, die Soße darüberträufeln, mit Petersilie bestreuen und heiß servieren.

Weinblätter mit Lammfüllung

6 Portionen / Zubereitungszeit 120 Minuten

1 Päckchen Weinblätter in Salzlake, ca. 230 g
1 EL extra natives Olivenöl
1 Knolle Fenchel, gehackt
1 rote Paprika- und 1 grüne Paprikaschote, jeweils entkernt und in kleine Stücke geschnitten
2 Dosen passierte Tomaten (je 400 g)
2 Knoblauchzehen, in dünnen Scheiben
150 ml Gemüsebrühe
Saft von 1 Zitrone
Salz
frisch gemahlener Pfeffer

Lamm- und Reisfüllung:
1 Zwiebel, fein gehackt
150 g Lammhackfleisch
150 g Langkornreis
1 große Zucchini, gewürfelt
50 g Pinienkerne
2 EL frische Minze, gehackt
500 ml Gemüsebrühe

Zum Anrichten:
Zitronenspalten
einige Stängel frische Petersilie

1 Die Weinblätter abspülen, in einen Topf mit kochend heißem Wasser legen und einmal aufkochen. Etwa 2–3 Minuten blanchieren, dann die Blätter abgießen und beiseitestellen.

2 Für die Füllung die Zwiebeln und das Lamm in einer beschichteten Pfanne etwa 5 Minuten anbraten, bis das Fleisch braun und die Zwiebel weich ist. Die Zucchini und Pinienkerne hinzugeben und etwa 3–4 Minuten unter Rühren anbraten. Dann den Reis, die Minze und die Brühe einrühren.

3 Einmal aufkochen lassen, Hitze reduzieren und ohne Deckel etwa 7–8 Minuten köcheln lassen, bis die Brühe aufgenommen wurde (der Reis ist noch nicht fertig gekocht). Die Pfanne vom Herd nehmen und nach Geschmack würzen, abkühlen lassen.

4 Den Backofen auf 190 °C vorheizen. Bei Bedarf die Stängel der Weinblätter abschneiden und die Blätter mit den Adern nach oben und der glatten Fläche nach unten auf einem Brett auslegen. (Wahrscheinlich müssen Sie portionsweise vorgehen, weil ein Päckchen etwa 40 Weinblätter enthält.) Je 1 gehäuften TL der Füllung in die Mitte jedes Weinblatts setzen. Die Seiten der Blätter über der Füllung einschlagen und dann die Blätter der Länge nach zigarrenförmig fest einrollen.

5 Das Öl in einer großen Auflaufform erhitzen, den Fenchel und die Paprikastücke hinzugeben und 5 Minuten unter Rühren anbraten. Die Tomaten mit dem Saft und ein wenig Gewürzen einrühren. Die gefüllten Weinblattrollen in die Form schichten und dabei die Knoblauchscheiben dazwischenschieben. Brühe hinzugeben und mit Zitronensaft beträufeln.

6 Zudecken und im Backofen etwa 1 Stunde backen, bis die Weinblätter weich sind und die Füllung fest und gut durcherhitzt ist. Aus dem Ofen nehmen; zugedeckt noch etwa 15 Minuten stehen lassen. Mit Zitronenspalten und Petersilienstängeln garnieren.

Feigen mit Gorgonzola

16 Stück / Zubereitungszeit 40 Minuten

16 getrocknete Feigen 60 g Gorgonzola, zerbröckelt 8 dünne Scheiben Prosciutto, halbiert	250 ml Balsamico-Essig 2 TL frischer Rosmarin, sehr fein gehackt ¼ TL frisch gemahlener Pfeffer

1 Für die Balsamico-Glasur den Essig in einen kleinen Topf geben und auf mittlerer Stufe zum Kochen bringen. Etwa 10 Minuten lang auf etwa 60 ml reduzieren.

2 Ofen auf 220 °C vorheizen. Die Feigen mittig der Länge nach aufschneiden und jeweils mit 1½ TL Gorgonzola füllen. Jede Feige in ein Stück Prosciutto wickeln und auf ein Backblech setzen. Mit Rosmarin und Pfeffer bestreuen.

3 10–12 Minuten backen, bis der Prosciutto knusprig wird. Mit der Balsamico-Glasur beträufeln und warm servieren.

Feigen mit Ziegenkäse und Thymiandressing

4 Portionen / Zubereitungszeit 25 Minuten

6 Zweige Thymian
1 EL flüssiger Honig
125 ml trockener Sherry
8 große, frische Feigen
150 g Blattsalatmischung (z. B. Endivie, Frisée oder Radicchio)
160 g Ziegenfrischkäse
4 EL Weißweinessig
Salz
frisch gemahlener Pfeffer
6 EL Olivenöl

1 Thymianzweige abbrausen. Honig und Sherry mit den Thymianzweigen in einem kleinen Topf aufkochen und bei starker Hitze in 5 Minuten sirupartig einkochen lassen. Thymian-Fond vom Herd nehmen und abkühlen lassen; die Thymianzweige entfernen.

2 Inzwischen die Feigen waschen und trocken tupfen, die Spitzen abschneiden. Die Früchte längs halbieren.

3 Die Blattsalatmischung auf vier Teller verteilen. Je 4 Feigenhälften daraufsetzen. 2 TL Ziegenfrischkäse auf jede Fruchthälfte geben.

4 Für das Dressing den Essig mit Thymian-Fond, Salz und Pfeffer gründlich verrühren, das Olivenöl nach und nach darunterschlagen. Das Thymiandressing über Salat und Feigen träufeln; alles mit Pfeffer übermahlen.

Marinierte Tomaten mit Schafskäse

4 Portionen / Zubereitungszeit 20 Minuten

600 g Cocktailtomaten
3 Zweige Oregano
oder 1 TL getrockneter
Oregano
3 EL Olivenöl
1 EL weißer Balsamico-
Essig
grobes Meersalz
frisch gemahlener Pfeffer
120 g Schafskäse (z. B. Feta)

1 Die Tomaten waschen, von den Rispen zupfen und trocken tupfen. Oregano abbrausen und trocken schütteln.

2 In einer großen Pfanne 1 EL Öl erhitzen; die Tomaten mit dem größten Teil des Oregano darin bei mittlerer Hitze 1 – 2 Minuten anbraten, bis sie aufplatzen.

3 Den Oregano entfernen, die Tomaten in eine Schüssel geben und noch warm mit dem Balsamico-Essig und dem übrigen Olivenöl (2 EL) beträufeln. Mit Salz und Pfeffer würzen und alles mischen.

4 Den Schafskäse grob zerbröckeln und mit dem restlichen Oregano auf die Tomaten streuen.

Auberginen mit Paprikamarinade

4 Portionen / Zubereitungszeit 30 Minuten

2 große Auberginen (etwa 600 g)
Salz
5 EL Olivenöl
1 Zwiebel
2 Knoblauchzehen
2 geröstete, geschälte rote Paprikaschoten (Glas; etwa 120 g)
frisch gemahlener Pfeffer
1 TL italienische Kräuter
½ TL Zucker
2 EL Balsamico-Essig
Saft von 1 Zitrone

1 Die Auberginen waschen und die Stielansätze entfernen. Die Früchte längs in 0,5 cm dicke Scheiben schneiden. Diese leicht salzen und etwa 10 Minuten ziehen lassen.

2 Inzwischen den Backofen auf 200 °C vorheizen und ein Backblech mit Backpapier belegen. Die Auberginen mit Küchenpapier trocken tupfen und leicht überlappend auf das Blech legen. Mit 4 EL Olivenöl bestreichen und im heißen Ofen (Mitte) in etwa 10 Minuten goldbraun backen.

3 Währenddessen die Zwiebel und den Knoblauch schälen und fein würfeln. Die Paprikaschoten abtropfen lassen und in kleine Würfel schneiden.

4 Das übrige Öl (1 EL) in einer Pfanne erhitzen, Zwiebel und Knoblauch darin glasig dünsten. Die Paprika dazugeben und 1–2 Minuten mitdünsten. Mit Salz, Pfeffer, italienischen Kräutern und Zucker würzen. Mit dem Essig ablöschen.

5 Die Auberginenscheiben aus dem Ofen nehmen, aufrollen und nebeneinander auf eine Platte setzen oder in eine flache Form legen. Den Zitronensaft darüberträufeln und die Paprika-Zwiebel-Mischung darauf verteilen.

NIEBUHR

Orientalischer Spinat mit Pinienkernen

4 Portionen / Zubereitungszeit 25 Minuten

400 g Blattspinat	2 EL Pinienkerne
1 dünne Stange Sellerie	Salz
1 kleine Zwiebel	frisch gemahlener Pfeffer
1 Knoblauchzehe	½ TL gemahlener Koriander
2 EL Olivenöl	2 EL Zitronensaft
2 EL Rosinen	100 g Sahnejoghurt

1 Den Spinat waschen, putzen und in einem Sieb gut abtropfen lassen. Den Sellerie waschen und putzen, die Zwiebel und den Knoblauch schälen. Sellerie, Zwiebel und Knoblauch fein würfeln.

2 Das Öl in einer großen beschichteten Pfanne erhitzen. Sellerie, Zwiebel und Knoblauch darin bei mittlerer Hitze 2 Minuten dünsten. Rosinen und Pinienkerne dazugeben; alles mit Salz, Pfeffer und Koriander würzen.

3 Den Spinat in die Pfanne geben und die Blätter zugedeckt bei mittlerer Hitze in 3–4 Minuten zusammenfallen lassen, dabei gelegentlich umrühren. Der Spinat soll nur knapp gar sein.

4 Den Spinat mit dem Zitronensaft beträufeln. Mit Salz und Pfeffer abschmecken und mit etwas Joghurt anrichten.

Artischocken-Kräuter-Frittata

4 Portionen / Zubereitungszeit 30 Minuten

2 Dosen Artischockenherzen (Abtropfgewicht je 240 g)	½ Bund gemischte Kräuter (z. B. Petersilie, Schnittlauch, Basilikum)	3 EL geriebener Parmesan
1 rote Spitzpaprikaschote	6 Eier	1 EL Mehl
2 Knoblauchzehen	3 EL Milch	Salz
		frisch gemahlener Pfeffer
		3 EL Olivenöl

1 Die Artischockenherzen abtropfen lassen und vierteln. Die Spitzpaprika waschen, halbieren, entkernen und in feine Halbringe schneiden.

2 Den Knoblauch schälen und klein würfeln. Die Kräuter abbrausen und trocken schütteln. Die Blätter abzupfen und hacken bzw. in Röllchen schneiden.

3 In einer Schüssel die Eier mit Milch, Parmesan und Mehl gründlich verquirlen. Mit Salz und Pfeffer würzen und die Kräuter untermischen.

4 In einer beschichteten Pfanne 2 EL Öl erhitzen. Paprikastreifen, Artischocken und Knoblauch darin bei mittlerer Hitze 2 Minuten braten. Die Eiermasse darübergießen und zugedeckt bei schwacher Hitze in 5 Minuten stocken lassen.

5 Das Omelett mithilfe des Pfannendeckels oder eines großen Tellers wenden. Das restliche Öl (1 EL) seitlich in die Pfanne gießen und die zweite Omelettseite in 5 Minuten goldbraun braten. Die Frittata in Portionsstücke oder Würfel schneiden.

Pita-Taschen mit Kichererbsentalern

6 Stück / Zubereitungszeit 30 Minuten

1 Dose Kichererbsen (Abtropfgewicht 250 g)	1 TL Kreuzkümmel, gemahlen	1 kleine rote Zwiebel
2 Frühlingszwiebeln	Salz	100 g Cocktailtomaten
1 Ei	frisch gemahlener Pfeffer	6 Pita-Taschen
2–3 EL Semmelbrösel	4 EL Olivenöl	200 g griechischer Sahnejoghurt
1 TL Harissa (Chilipaste)	1 Mini-Romanasalat	

1 Die Kichererbsen abtropfen lassen. Die Frühlingszwiebeln waschen, putzen und in feine Ringe schneiden. Kichererbsen und Frühlingszwiebeln im Mixer oder mit dem Stabmixer zu einer glatten Paste pürieren. Dabei nach und nach das Ei, 1 EL Semmelbrösel sowie Harissa, Kreuzkümmel, Salz und Pfeffer hinzufügen.

2 Aus der Kichererbsenmasse mit nassen Händen 12 Bällchen formen, dabei nach Bedarf mehr Semmelbrösel unterrühren. Die Bällchen etwas flach drücken. Das Öl in einer beschichteten Pfanne erhitzen und die Taler darin auf beiden Seiten bei mittlerer Hitze 8–10 Minuten braten.

3 Inzwischen den Salat waschen und in feine Streifen schneiden. Die Zwiebel schälen, vierteln und ebenfalls in feine Streifen schneiden. Tomaten waschen und vierteln. Salat, Zwiebel und Tomaten mischen.

4 Die Brottaschen toasten und aufschneiden. Mit der Salatmischung und je 2 Kichererbsentalern füllen. Etwas Joghurt daraufgeben und servieren.

Gefüllte Artischocken

2 Portionen / Zubereitungszeit 50 Minuten

125 g frische Minze	4 Artischocken (ca. 800 g)
fein abgeriebene Schale von einer großen Zitrone	60 ml Olivenöl
3 Knoblauchzehen, zerdrückt	2 EL Balsamico-Essig
60 ml Zitronensaft	250 g Naturjoghurt
	2 EL Milch
	frisch gemahlener Pfeffer

1 Ein paar Minzeblätter und etwas Zitronenschale zum Garnieren beiseitestellen. Die restliche Minze fein hacken. Drei Viertel davon in eine Schüssel geben. Zitronenschale und Knoblauch zufügen und alles gut verrühren.

2 Eine große Schüssel mit Wasser füllen und den Zitronensaft hineingeben. Die Stiele der Artischocken abschneiden. Dann ca. 2 cm von der Spitze der Artischocken abschneiden. Die zähen äußeren Blätter entfernen. Die harten Stellen des Artischockenbodens, wo die zähen Blätter entfernt wurden, abschneiden. Die Artischocken längs halbieren und das ungenießbare Heu aus der Mitte entfernen. Die fertig geputzten Hälften in das Zitronenwasser geben, während die restlichen Artischocken zubereitet werden.

3 Den Backofen auf 200 °C vorheizen. Die Artischocken abgießen und in eine große Auflaufform legen. Die vorbereitete Minzemischung in die Zwischenräume der einzelnen Blätter drücken. 2 EL Öl und den Essig in einer Schale vermengen und über die Artischocken träufeln. Die Auflaufform mit Alufolie abdecken und die Artischocken ca. 30 Minuten backen, bis sie gar sind.

4 Unterdessen Joghurt, Milch, das restliche Öl und die restliche Minze in einer Schale vermengen. Die fertig gegarten Artischocken mit der Joghurtmischung beträufeln, mit Pfeffer würzen und mit etwas Zitronenschale und einigen Minzeblättern garniert servieren.

Auberginen-Antipasto mit Zucchini

2 Portionen / Zubereitungszeit 35 Minuten plus 1 Stunde Ruhezeit

200 g Auberginen
200 g Zucchini
Salz
1 unbehandelte Zitrone
1 Knoblauchzehe
6 schwarze Oliven
4 getrocknete Tomaten
2 EL Olivenöl
je ¼ TL getrockneter Oregano und Thymian
frisch gemahlener Pfeffer

1 Den Backofen auf 180 °C vorheizen. Ein Backblech mit Backpapier belegen. Auberginen und Zucchini waschen und putzen, dann der Länge nach in fingerdicke Scheiben schneiden. Diese mit Salz bestreuen.

2 Die Auberginen nebeneinander auf das Blech legen und im heißen Ofen (Mitte) etwa 10 Minuten backen. Das Blech herausnehmen, die Auberginen wenden und die Zucchinischeiben dazulegen. Weitere 10 Minuten backen, bis die Auberginen weich sind und die Zucchini noch etwas Biss haben.

3 Inzwischen die Zitrone auspressen. Knoblauch schälen und fein hacken, Oliven und getrocknete Tomaten ebenfalls fein hacken. Die gehackten Zutaten in eine Schüssel geben und mit dem Olivenöl und dem Zitronensaft mischen. Mit Oregano, Thymian, Salz und Pfeffer würzig abschmecken.

4 Auberginen und Zucchini aus dem Ofen nehmen und sofort mit der Marinade bestreichen. In eine Form schichten, mindestens 1 Stunde durchziehen lassen, dann servieren.

Oregano-Galettes mit Ratatouille

2 Portionen / Zubereitungszeit 45 Minuten

2 Eier	100 ml Mineralwasser	1 kleine Aubergine
½ TL Salz	mit Kohlensäure	(200 g)
1 TL Paprikapulver	2 EL zerlassene Butter	1 Paprikaschote (200 g)
100 g Buttermilch	1 kleine Zwiebel	4 Tomaten
120 g Buchweizenmehl	1 Knoblauchzehe	1 EL Olivenöl
1 TL gehackter Oregano	1 Zucchini (150 g)	frisch gemahlener Pfeffer

1 Aus Eiern, Salz, ½ TL Paprikapulver, Buttermilch, Mehl, ½ TL Oregano, Mineralwasser und zerlassener Butter einen Pfannkuchenteig herstellen. Mindestens 30 Minuten ruhen lassen.

2 Zwiebel und Knoblauch schälen und klein würfeln. Zucchini und Aubergine waschen, putzen und in etwa 2 cm große Würfel schneiden. Paprika putzen, waschen und in kleine Streifen schneiden. Tomaten waschen und zerkleinern.

3 In einem Topf Zwiebel und Knoblauch im Öl kurz dünsten. Zucchini, Aubergine und Paprika hinzufügen; unter Wenden einige Minuten mitbraten. Tomaten und 200 ml Wasser dazugeben. Gemüse mit Salz, Pfeffer sowie restlichem Oregano und Paprikapulver würzen; 15 Minuten köcheln lassen.

4 Eine große beschichtete Pfanne erhitzen. Vom Herd nehmen. Die Hälfte des Teigs in die Pfanne geben und darin gleichmäßig verteilen. Pfanne wieder auf den Herd stellen und die Galette bei mittlerer Hitze backen. Sobald sich die Ränder lösen, die Galette wenden und auf der anderen Seite backen.

5 Die Galette aus der Pfanne auf einen Teller gleiten lassen und warm stellen, bis die zweite Galette aus dem restlichen Teig gebacken ist. Danach jede Galette mit Ratatouille füllen und servieren.

Tortilla mit Rührei und Spinat

4 Portionen / Zubereitungszeit 20 Minuten

1 EL Olivenöl	(z. B. Sonnenblumen-	4 Weizenvollkorntortillas
2 Frühlingszwiebeln,	und Kürbiskerne)	2 EL Naturjoghurt
in Ringe geschnitten	2 kleine Tomaten,	30 g junger Spinat
8 Eier, leicht verquirlt	entkernt und gewürfelt	1 Avocado, gewürfelt
3 EL gemischte Saaten	1 EL Koriander, frisch	

1 Das Öl in einer großen Pfanne erhitzen. Die Frühlingszwiebeln darin bei mittlerer Hitze 3 Minuten weich dünsten.

2 Die Eier zugießen und leicht stocken lassen, dann unter Rühren weitergaren, bis sie komplett gestockt sind.

3 Tomatenwürfel, Saaten und frisch gehackten Koriander zufügen und unterheben.

4 Die Tortillas auf 4 Teller legen und den Joghurt darauf verstreichen. Spinat und Avocado gleichmäßig darauf verteilen, dann die Rühreimischung zugeben. Die fertigen Tortillas vor dem Verzehr nach Belieben aufrollen; dabei das untere Ende einschlagen, um zu verhindern, dass die Füllung herausfällt.

Glasierte Tomaten mit Rosinen, Mandeln und Knoblauch

4 Portionen / Zubereitungszeit 40 Minuten

70 g Muscatel-Rosinen oder große Sultaninen
4 lange Stängel frischer Oregano
4 lange Stängel frischer Thymian
4 Lorbeerblätter
1 unbehandelte Zitrone
8 Knoblauchzehen, ungeschält
2 EL natives Olivenöl
1 EL Zuckerrüben- oder Ahornsirup
frisch gemahlener Pfeffer
500 g Strauchtomaten
60 g Mandeln, grob gehackt

1 Die Rosinen in eine hitzebeständige Schüssel geben, mit kochendem Wasser übergießen und mindestens 2 Stunden, besser noch über Nacht, einweichen lassen.

2 Den Backofen auf 220 °C vorheizen.

3 Oregano, Thymian und Lorbeerblätter in einen flachen Bräter oder eine Auflaufform legen, sodass ein Kräuterbett für die Tomaten entsteht. Mit einem kleinen scharfen Messer oder einem Zestenreißer die Zitronenschale in dünnen Streifen abschälen und zu den Kräutern geben. Die Zitrone auspressen und den Saft beiseitestellen.

4 Die Knoblauchzehen mit der flachen Seite eines großen Küchenmessers leicht andrücken, bis die Schale aufplatzt, und ebenfalls in den Bräter geben. Die Rosinen abgießen und über die anderen Zutaten im Bräter verteilen.

5 Zitronensaft, Olivenöl und Sirup mit einer kräftigen Prise Pfeffer in einer Schale mischen. Die Tomaten gründlich in der Mischung wenden, ebenfalls in den Bräter geben und mit der restlichen Sirupmischung übergießen.

6 Das so vorbereitete Gericht 30 Minuten im vorgeheizten Backofen backen, bis die Tomaten aufplatzen und weich geworden sind; dabei gelegentlich mit Bratensaft übergießen. Zusammen mit den gehackten Mandeln servieren.

Omelett-Torte mit Gemüse

6 Portionen / Zubereitungszeit 30 Minuten

1 Glas gegrillte Paprikaschoten in Öl (270 g)	frisch gemahlener Pfeffer
1 Glas gegrillte Auberginen in Öl (270 g)	1 TL weiche Butter
6 Eier	1 TL Olivenöl
Salz	75 g geriebener Parmesan
	Petersilienblättchen zum Garnieren

1 Paprika und Auberginen abgießen, abtropfen lassen und in Streifen schneiden. Den Backofen auf 180 °C vorheizen. Die Eier in eine Schüssel aufschlagen. Salz, Pfeffer und 2 EL Wasser hinzufügen und alles leicht verquirlen.

2 In einer beschichteten Pfanne mit hitzebeständigem Griff ein wenig Butter und etwas Olivenöl erhitzen. Ein Drittel der Eimasse hineingießen und durch Schwenken verteilen.

3 Mit einem Pfannenwender die Eimasse zur Mitte schieben, damit sie vollständig stockt. Das Omelett etwa 20 Sekunden backen; auf einen Teller gleiten lassen. Die Pfanne erneut erhitzen und aus einem weiteren Drittel der Eimasse ein Omelett backen. Das Omelett auf einen zweiten Teller geben.

4 Ein drittes Omelett backen. Die Pfanne vom Herd nehmen. Das Omelett mit der Hälfte des Parmesans bestreuen und mit den Paprikastreifen belegen. Ein Omelett daraufsetzen und mit dem restlichen Parmesan bestreuen. Darauf die Auberginenstreifen geben und mit dem dritten Omelett bedecken.

5 Die Pfanne in den heißen Ofen (Mitte) stellen und die Omelett-Torte 10 Minuten backen. Herausnehmen, mit Petersilie bestreuen und servieren.

Raffinierte Aufläufe und Gratins

Gyros-Auflauf mit Zucchini

4 Portionen / Zubereitungszeit 35 Minuten

400 g Schweineschnitzel, in Streifen geschnitten	300 g Zucchini	frisch gemahlener Pfeffer
2 TL Gyrosgewürz	1 Knoblauchzehe	¼ TL edelsüßes Paprikapulver
3 EL Olivenöl, mehr für die Form	Salz	150 g geriebener Gouda (mittelalt) oder Emmentaler
1 Gemüsezwiebel	400 g Sahnejoghurt	
	2 TL Speisestärke	
	1 Ei	

1 Die Fleischstreifen in einer Schüssel mit Gyrosgewürz und 2 EL Olivenöl mischen. Die Gemüsezwiebel schälen, halbieren und in feine Streifen schneiden; unter das Fleisch mischen.

2 Den Backofen auf 220 °C vorheizen. Eine flache Auflaufform fetten. Die Zucchini waschen und die Enden abschneiden. Anschließend die Zucchini in der Küchenmaschine oder auf der Reibe grob raspeln. Knoblauch schälen, salzen und mit der Messerklinge zerdrücken.

3 Den Joghurt cremig rühren, die Speisestärke und das Ei unterrühren. Mit Salz, Pfeffer und Paprikapulver würzen. Zucchini, Knoblauch und die Hälfte vom Käse unter die Joghurtcreme mischen.

4 In einer beschichteten Pfanne 1 EL Öl erhitzen. Die Fleisch-Zwiebel-Mischung darin 3 Minuten anbraten, dabei gelegentlich wenden. Mit Pfeffer würzen.

5 Den Pfanneninhalt in die Auflaufform geben. Die Joghurt-Zucchini-Mischung darauf verteilen und glatt streichen. Den Auflauf mit dem restlichen Käse bestreuen und im heißen Ofen (Mitte) etwa 20 Minuten überbacken.

Tortillas mit Pute und Bohnen

4 Portionen / Zubereitungszeit 30 Minuten

1 rote Paprikaschote
1 Dose Mais (Abtropfgewicht 140 g)
1 Dose Kidneybohnen (Abtropfgewicht ca. 220 g)
1 Zwiebel
1 Knoblauchzehe
400 g Putengeschnetzeltes
4 EL Olivenöl, mehr für die Form
2 EL Tomatenmark
150 ml Gemüsebrühe
1 TL Chilipulver
½ TL getrockneter Oregano
Salz
frisch gemahlener Pfeffer
125 g Mozzarella
12 Weizen- oder Maistortillas (je 15 cm ∅) oder 8 Stück (je 20 cm ∅)
75 g Emmentaler, gerieben

1 Die Paprikaschote putzen, waschen und in kleine Würfel schneiden. Den Mais und die Bohnen in ein Sieb schütten, kalt abspülen und abtropfen lassen.

2 Die Zwiebel schälen und würfeln. Die Knoblauchzehe schälen und fein hacken. 2 EL Öl in einer Pfanne erhitzen. Die Putenstreifen darin 1 Minute bei starker Hitze anbraten, dabei zwischendurch wenden. Zwiebel- und Paprikawürfel hinzufügen und kurz mitbraten.

3 Das Tomatenmark in die Pfanne geben und unter die Zutaten rühren. 100 ml Gemüsebrühe sowie Mais und Bohnen hinzufügen. Die Fleisch-Gemüse-Mischung mit Knoblauch, Chilipulver, Oregano, Salz und Pfeffer würzen, dann zugedeckt bei schwacher Hitze 5 Minuten köcheln lassen.

4 Den Backofen auf 220 °C vorheizen. Eine flache Form fetten. Mozzarella abtropfen lassen und in Streifen schneiden.

5 Die Tortillas auf die Arbeitsfläche legen und die Putenmischung mittig darauf verteilen. Die Mozzarellastreifen auf die Fleischfüllung geben. Tortillas zusammenklappen, in die Form legen und 50 ml Gemüsebrühe seitlich dazugießen.

6 Die Tortillas mit 2 EL Olivenöl bestreichen und mit dem Käse bestreuen. Im heißen Ofen (Mitte) 8 Minuten überbacken, bis der Käse gerade geschmolzen und leicht gebräunt ist.

Hähnchenbrust mit Olivenkruste

4 Portionen / Zubereitungszeit 50 Minuten

500 g rote und gelbe Paprikaschoten	2 Rosmarinzweige	1 Eiweiß
5 EL Olivenöl, mehr für die Form	1 Knoblauchzehe	4 EL Semmelbrösel
Kräutersalz	Salz	frisch gemahlener Pfeffer
3 EL Zitronensaft	½ TL Fenchelsamen	4 Hähnchenbrustfilets (je 150 g)
	50 g entsteinte schwarze Oliven	2 TL körniger Senf

1 Die Paprika putzen, waschen und in Streifen schneiden. In einer Schüssel mit 3 EL Olivenöl, Kräutersalz und 2½ EL Zitronensaft mischen. Rosmarin waschen und trocken schütteln. Nadeln fein hacken. Den Knoblauch schälen, mit Salz bestreuen und mit der Messerklinge zerdrücken. Fenchelsamen im Mörser fein zerstoßen. Oliven hacken.

2 Den Backofen auf 200 °C vorheizen. Eine flache Auflaufform fetten. Die Form sollte so groß sein, dass die Hähnchenbrustfilets mit den Paprikastreifen gut hineinpassen.

3 Gehackte Oliven und zerdrückten Knoblauch mit 2 EL Olivenöl, ½ EL Zitronensaft, Eiweiß und Semmelbröseln vermengen. Die Masse mit Salz, Pfeffer, Rosmarin und Fenchelsamen würzen.

4 Hähnchenbrustfilets trocken tupfen; salzen und pfeffern. Die oberen Seiten mit dem Senf, dann mit der Olivenmasse bestreichen. Die Masse gut andrücken.

5 Hähnchenbrustfilets in die Mitte der Form setzen. Paprikastreifen rundherum verteilen. Im heißen Ofen (Mitte) 25 Minuten garen. Den Ofen auf Grillstufe umschalten; das Gericht noch 2–3 Minuten überbacken.

Griechischer Nudelauflauf

4 Portionen / Zubereitungszeit 45 Minuten

800 g Tomaten
1 Zwiebel
400 g gelbe oder orange Paprikaschoten
½ Bund Basilikum
600 g Kalbfleisch (Keule), in 1,5 cm großen Würfeln
3 EL Olivenöl, mehr für die Form
Salz
frisch gemahlener Pfeffer
¼ TL Paprikapulver, scharf
500 ml Hühnerbrühe
¼ TL gemahlener Zimt
250 g reiskornförmige Nudeln (Kritharaki) oder andere kurze Nudeln
100 g geriebener Käse (Kefalotiri oder alter Gouda)

1 Die Tomaten waschen, von den Stielansätzen befreien und in Würfel schneiden. Die Zwiebel häuten und würfeln. Die Paprikaschoten putzen, waschen und in Streifen schneiden. Das Basilikum waschen, die Blätter abzupfen und die Hälfte davon in Streifen schneiden.

2 Den Backofen auf 200 °C vorheizen. Eine Auflaufform mit hohem Rand fetten. Das Fleisch trocken tupfen. Das Öl in einer Kasserolle erhitzen. Die Fleischwürfel darin bei starker Hitze 2 Minuten anbraten. Mit Salz, Pfeffer und Paprikapulver würzen.

3 Das Fleisch in die Form geben. Zwiebelwürfel und Paprikastreifen im Bratfett 2 Minuten anbraten. Tomaten, Hühnerbrühe und Nudeln untermischen.

4 Die Gemüse-Nudel-Mischung aufkochen und 2 Minuten köcheln lassen. Mit Salz, Pfeffer, Zimt und Basilikum würzen. Auf dem Fleisch in der Form verteilen.

5 Die Form mit dem Deckel oder mit Alufolie schließen. Den Auflauf im heißen Ofen (Mitte) 15 Minuten garen.

6 Die Ofentemperatur auf 220 °C erhöhen. Den Auflauf öffnen, mit dem Käse bestreuen und noch 10 Minuten überbacken. Mit den restlichen Basilikumblättchen garnieren und servieren.

Kaninchenfilets unter der Polentahaube

4 Portionen / Zubereitungszeit 30 Minuten

300 ml Gemüsebrühe	1 TL getrockneter Thymian	Fett für die Form
75 g Maisgrieß für	20 g Butter	Kräutersalz
5-Minuten-Polenta	40 g geriebener Parmesan	4 EL Olivenöl
Salz	3 Rosmarinzweige	4 Kaninchenrückenfilets
frisch gemahlener Pfeffer	600 g Tomaten (möglichst	(je etwa 125 g)
geriebene Muskatnuss	Eiertomaten)	

1 Die Brühe in einem Topf aufkochen lassen. Maisgrieß unter Rühren hineinstreuen und nach Packungsangabe garen. Polenta mit Salz, Pfeffer, Muskat und Thymian würzen. Butter und geriebenen Käse unterrühren.

2 Den Rosmarin waschen. Die Nadeln abzupfen und fein hacken. Die Tomaten waschen, von den Stielansätzen befreien und quer in Scheiben schneiden.

3 Den Backofen auf 200 °C vorheizen. Eine flache Auflaufform fetten. Tomaten dachziegelartig hineinlegen. Mit Kräutersalz und Pfeffer würzen, mit 2 EL Olivenöl beträufeln.

4 Kaninchenrückenfilets trocken tupfen. Mit Salz, Pfeffer und Rosmarin würzen. 2 EL Olivenöl in einer Pfanne erhitzen und die Filets darin in etwa 5 Minuten rundherum anbraten; herausnehmen.

5 Die Polenta auf die Filets streichen und mit den Händen so festdrücken, dass jedes Filet gleichmäßig mit einer etwa 5 mm dicken Polentaschicht bedeckt ist. Die Filets nebeneinander auf die Tomaten in der Form legen.

6 Das Fleisch und die Tomaten im heißen Ofen (Mitte) 15 Minuten garen. Anschließend den Ofen auf Grillstufe umschalten und die Kruste in 2–3 Minuten knusprig werden lassen.

Provenzalisches Hackfleischgratin mit Zucchini

4 Portionen / Zubereitungszeit 30 Minuten

500 g Zucchini
2 Knoblauchzehen
Salz
5 EL Olivenöl, mehr für die Form
1 TL getrockneter Thymian
frisch gemahlener Pfeffer
1 Zwiebel
400 g gemischtes Hackfleisch
1 ½ TL Kräuter der Provence
600 g Fleischtomaten
100 g geriebener Comté oder Emmentaler
2 EL Semmelbrösel

1 Die Zucchini waschen und die Enden abschneiden. Zucchini auf dem Gurkenhobel in dünne Scheiben hobeln. Die Knoblauchzehen schälen, salzen und mit der Messerklinge zerdrücken.

2 Den zerdrückten Knoblauch mit 3 EL Olivenöl und dem Thymian in einer großen Schüssel verrühren. Die Zucchinischeiben dazugeben. Alles salzen, pfeffern und gut mischen.

3 Den Backofen auf 220 °C vorheizen. Eine Auflaufform fetten. Die Zwiebel schälen und in Würfel schneiden.

4 In einer beschichteten Pfanne 1 EL Olivenöl erhitzen. Das Hackfleisch mit den Zwiebeln darin bei starker Hitze in 5 Minuten krümelig braten, dabei gelegentlich wenden. Mit Salz, Pfeffer und 1 TL Kräuter der Provence würzen.

5 Tomaten waschen, von den grünen Stielansätzen befreien und quer in Scheiben schneiden. Mit Salz und Pfeffer würzen. Die Zucchini mitsamt Marinade in die Form geben. Hackfleisch darauf verteilen und die Tomaten dachziegelartig auf dem Hackfleisch anordnen.

6 Die Tomaten mit geriebenem Käse, Semmelbröseln und ½ TL Kräuter der Provence bestreuen. Das Gratin mit 1 EL Olivenöl beträufeln und im heißen Ofen (Mitte) etwa 15 Minuten backen.

Mediterraner Tortellini-Auflauf

4 Portionen / Zubereitungszeit 30 Minuten

4 EL Olivenöl, mehr für die Form 500 g Tortellini (aus dem Kühlregal) Salz 2 Rosmarinzweige 4 Basilikumzweige	2 Knoblauchzehen 1 TL getrockneter Thymian 100 g schwarze Oliven 75 g geriebener Pecorino oder Parmesan 750 g Tomaten (z. B. Ochsenherz)	frisch gemahlener Pfeffer 150 g luftgetrocknete mediterrane Wurst in Scheiben (z. B. Salsicce oder Salami) ½ TL getrockneter Oregano

1 Eine hohe Auflaufform fetten. Den Backofen auf 220 °C vorheizen. Tortellini nach Packungsangabe in reichlich Salzwasser garen.

2 Die Rosmarinzweige waschen, die Nadeln abzupfen und hacken. Das Basilikum waschen, die Blättchen abzupfen und in Streifen schneiden. Den Knoblauch schälen und fein hacken. Rosmarin, Basilikum, Knoblauch und Thymian mischen.

3 Tortellini abgießen und abtropfen lassen. 2 EL Olivenöl, die Hälfte der Oliven und 20 g geriebenen Käse unter die Tortellini mischen.

4 Die Tomaten waschen und quer in Scheiben schneiden. Die Hälfte der Tomaten in die Form schichten, dabei mit Salz und Pfeffer sowie der Hälfte der Kräuter-Knoblauch-Mischung würzen.

5 Die Tortellinimischung auf den Tomaten und darauf die Hälfte der Wurstscheiben verteilen. Die restlichen Tomaten in die Form geben, mit Salz, Pfeffer und der übrigen Kräuter-Knoblauch-Mischung würzen. Restliche Oliven und Wurstscheiben darauf verteilen.

6 Alles mit dem übrigen Käse und dem Oregano bestreuen und mit 2 EL Olivenöl beträufeln. Im heißen Ofen (Mitte) 15 Minuten knusprig überbacken.

Fischgratin auf marokkanische Art

4 Portionen / Zubereitungszeit 30 Minuten

3 EL Zitronensaft
6 EL Olivenöl, mehr für die Form
1 Zwiebel
2 Knoblauchzehen
6 Stängel Koriandergrün oder Petersilie
½ TL gemahlener Kreuzkümmel
½ TL edelsüßes Paprikapulver
2 Msp. Cayennepfeffer
Salz
600 g Seelachsfilet
50 g Fladen- oder Weißbrot
450 g grüne Paprikaschoten
1 Dose gehackte Tomaten (400 g)
frisch gemahlener Pfeffer

1 Für die Marinade den Zitronensaft und 5 EL Olivenöl verrühren. Zwiebel und Knoblauch schälen und hacken. Koriandergrün oder Petersilie waschen, Blättchen abzupfen und hacken. Zwiebel, Knoblauch und gehackte Kräuter unter die Zitronen-Öl-Mischung rühren. Mit Kreuzkümmel, Paprikapulver, Cayennepfeffer und Salz würzen.

2 Fischfilets trocken tupfen und in mundgerechte Stücke schneiden. Fischstücke mit der Marinade mischen und zugedeckt 10 Minuten ziehen lassen.

3 Eine Auflaufform fetten. Den Backofen auf 220 °C vorheizen. Das Brot in kleine Würfel schneiden und im Blitzhacker fein zerbröseln.

4 Paprikaschoten putzen, waschen und in feine Streifen schneiden. 1 EL Olivenöl erhitzen. Paprikastreifen darin 2 Minuten dünsten. Gehackte Tomaten hinzufügen und erhitzen. Gemüse mit Salz und Pfeffer würzen.

5 Das Gemüse in die Form geben, darauf die Fischwürfel mitsamt Marinade verteilen. Brotbrösel darüberstreuen. Das Gratin im heißen Ofen (Mitte) 15 Minuten überbacken.

Moussaka im Kleinformat

4 Portionen / Zubereitungszeit 25 Minuten

5 EL Olivenöl, mehr für die Formen
300 g Auberginen
400 g Pellkartoffeln vom Vortag
4 Frikadellen (500 g)
2 Frühlingszwiebeln
4 Basilikumzweige
Salz
frisch gemahlener Pfeffer
4 EL Ajvar
300 g Sahnejoghurt
1 TL Speisestärke
2 Eigelb
1 TL getrockneter Oregano
20 g geriebener Parmesan

1 Den Backofen auf 250 °C vorheizen. Vier kleine flache Auflaufformen fetten. Die Auberginen waschen, von den Stielansätzen befreien und quer in 5 mm dicke Scheiben schneiden. 4 EL Olivenöl in einer großen beschichteten Pfanne erhitzen. Auberginenscheiben darin unter Wenden 5 Minuten anbraten.

2 Inzwischen die Pellkartoffeln schälen und in Scheiben schneiden. Die Frikadellen in 1 cm dicke Scheiben schneiden. Die Frühlingszwiebeln putzen, waschen und fein zerkleinern. Das Basilikum waschen, die Blättchen abzupfen und in Streifen schneiden.

3 Auberginen- und Kartoffelscheiben abwechselnd dachziegelartig in die Formen setzen. Salzen und pfeffern. Frikadellenscheiben darauflegen und mit Ajvar bestreichen.

4 Sahnejoghurt mit Speisestärke und Eigelben verrühren. Mit Salz, Pfeffer und Oregano würzen. Frühlingszwiebeln und Basilikum untermischen. Joghurtsoße auf die Frikadellenscheiben in den Förmchen verteilen. Den Backofen auf Grillstufe umschalten.

5 Die Mini-Aufläufe mit Parmesan bestreuen und mit dem restlichen Olivenöl beträufeln. Im heißen Ofen (Mitte) etwa 8 Minuten überbacken.

Kichererbsengratins mit Lamm

4 Portionen / Zubereitungszeit 30 Minuten

3 EL Sesamsamen
½ TL gemahlener Kreuzkümmel
½ TL Chilipulver
1 TL getrockneter Oregano
frisch gemahlener Pfeffer
400 g Lammrückenfilets (Lammlachse)
5 EL Olivenöl, mehr für die Formen
Salz
1 Dose Kichererbsen (Abtropfgewicht 240 g)
400 g Cocktailtomaten
4 Frühlingszwiebeln
2 Minzezweige
2 EL Zitronensaft
4 kleine runde Ziegenfrischkäse (je 40 g)

1 Sesamsamen mit Kreuzkümmel, Chilipulver und Oregano mischen. Die Lammfilets trocken tupfen und in 8 Stücke schneiden. 2 EL Olivenöl in einer beschichteten Pfanne erhitzen und das Fleisch darin etwa 4 Minuten anbraten, zwischendurch wenden.

2 Pfanne vom Herd nehmen. Fleisch salzen, pfeffern und mit 2 EL von der Sesammischung würzen. Zugedeckt bei Raumtemperatur stehen lassen.

3 Vier kleine flache Auflaufformen fetten. Den Backofen auf 250 °C vorheizen. Die Kichererbsen abtropfen lassen. Die Cocktailtomaten waschen und halbieren. Die Frühlingszwiebeln putzen, waschen und fein zerkleinern. Die Minze waschen, die Blättchen abzupfen und in Streifen schneiden.

4 Tomaten, Kichererbsen, Frühlingszwiebeln und Minze in eine Schüssel füllen. Mit Salz, Pfeffer und Zitronensaft würzen. 2 EL Olivenöl dazugeben und alles gut mischen. Die Kichererbsenmischung auf die Formen verteilen.

5 Jeden Ziegenfrischkäse in drei Dreiecke schneiden. Fleischstücke mit dem ausgetretenen Bratsaft auf der Kichererbsenmischung verteilen. Zwischen die Fleischstücke je ein Käsedreieck setzen.

6 Alles mit der restlichen Würzmischung bestreuen und mit 1 EL Olivenöl beträufeln. Den Ofen auf Grillstufe umschalten. Die Gratins im heißen Ofen (Mitte) 5 Minuten überbacken.

Tomaten-Halloumi-Gratin

4 Portionen / Zubereitungszeit 30 Minuten

400 g Halloumi (zypriotischer Grillkäse)
6 Tomaten (etwa 600 g)
120 g entsteinte schwarze Oliven
Salz
4 Zweige Oregano oder 2 TL getrockneter Oregano
4 EL Olivenöl, mehr zum Bestreichen
frisch gemahlener Pfeffer

1 Den Backofen auf 220 °C vorheizen. Den Halloumi in 1 cm dicke Scheiben schneiden. Die Tomaten waschen, von den Stielansätzen befreien und in Scheiben schneiden.

2 Die Oliven abtropfen lassen und quer in Ringe schneiden. Frischen Oregano abbrausen und die Blätter abzupfen.

3 Eine Auflaufform (etwa 30 × 30 cm) mit Olivenöl ausfetten. Die Halloumi- und Tomatenscheiben dachziegelartig hineinschichten.

4 Olivenringe und Oregano daraufstreuen. Alles leicht salzen und mit Pfeffer bestreuen. Das Öl darüberträufeln. Das Gratin im heißen Ofen (unten) 15–20 Minuten backen.

Fenchelgratin

8 Portionen / Zubereitungszeit 65 Minuten

2 große Fenchelknollen, in dünne Scheiben geschnitten 60 g Butter, in Würfeln	3 EL Mehl ½ TL Salz ¼ TL grob gemahlener schwarzer Pfeffer	250 ml Sahne 65 g geriebener Gruyère 2 EL geriebener Parmesan

1 Den Backofen auf 190 °C vorheizen. Einen großen Topf 2,5 cm hoch mit Wasser füllen, zum Kochen bringen, den Fenchel hineingeben und etwa 6–8 Minuten köcheln lassen, bis der Fenchel gerade weich wird. Das Wasser abgießen, den Fenchel mit einem Papiertuch trocken tupfen und in eine gefettete Backform (27 × 18 cm) legen.

2 Die Butter in einem kleinen Topf schmelzen. Mehl, Salz und Pfeffer zufügen, glattrühren und langsam die Sahne zugießen. Die Mischung aufkochen und etwa 1–2 Minuten köcheln lassen, bis sie etwas eindickt. Nun den Gruyère einrühren. Die Sahne-Käse-Soße über den Fenchel gießen und das Ganze mit Parmesan bestreuen.

3 Die Backform mit einem Deckel oder Alufolie zudecken und 15 Minuten lang backen. Die Bedeckung abnehmen und weitere 15–20 Minuten backen, bis der Käse goldbraun ist und Blasen wirft.

Auberginen-Lasagne mit Tomatensoße

4 Portionen / Zubereitungszeit 150 Minuten

650 g Auberginen, in Scheiben
Olivenöl zum Einfetten der Form
9–12 Spinat-Lasagneplatten (Fertigprodukt)
4 EL fein gehacktes Basilikum
3 EL frisch geriebener Parmesan

Für die Bechamelsoße:
600 ml Magermilch
40 g Möhren, in Scheiben
1 Schalotte, in Scheiben
1 Lorbeerblatt
1 Gewürznelke
1 Stängel glatte Petersilie
12 schwarze Pfefferkörner
2 EL Halbfettmargarine
4 EL Weizenmehl
Salz
frisch gemahlener Pfeffer
geriebene Muskatnuss

Für die Tomatensoße:
3 EL Olivenöl
250 g Zwiebeln, gehackt
1 Knoblauchzehe
1 große Dose gehackte Tomaten
1 TL Oregano, getrocknet
Salz
frisch gemahlener Pfeffer

1 Für die Bechamelsoße die Milch mit Möhren, Schalotten, Lorbeer, Gewürznelke, Petersilie und Pfefferkörnern in einen Topf geben und zum Kochen bringen. Den Topf vom Herd nehmen und den Deckel aufsetzen. Die Milch 30–40 Minuten abkühlen und ziehen lassen.

2 Inzwischen für die Tomatensoße das Öl in einem großen Topf erhitzen. Die Zwiebeln darin bei mittlerer Hitze 6–8 Minuten andünsten, aber nicht bräunen. Den zerdrückten Knoblauch zugeben und 1–2 Minuten mitgaren. Tomaten und Oregano zufügen und zum Kochen bringen. Die Hitze reduzieren und die Soße 45 Minuten unter häufigem Rühren köcheln lassen, bis sie schön eingedickt ist. Mit Salz und Pfeffer abschmecken.

3 Die Auberginenscheiben inzwischen in einer Pfanne portionsweise 4–5 Minuten weich dämpfen. Die Milch durch ein Sieb passieren. Die Margarine in einem Topf zerlassen. Das Mehl einstreuen und 1 Minute unter Rühren anschwitzen. Die Milch nach und nach einrühren und unter ständigem Rühren kochen, bis die Soße eingedickt ist und einen Löffelrücken überzieht. Mit Salz, Pfeffer und Muskatnuss abschmecken.

4 Den Backofen auf 180 °C vorheizen. Eine Auflaufform (20 × 25 cm) mit dem Öl einfetten. Drei Lasagneplatten in die Form legen. Mit der Hälfte der Tomatensoße überziehen und der Hälfte des Basilikums bestreuen. Die Hälfte der Auberginenscheiben darauf verteilen und mit einem Drittel der Bechamelsoße überziehen. Die Schichten wiederholen. Mit den restlichen Lasagneplatten bedecken. Mit der restlichen Bechamelsoße überziehen und zum Abschluss mit dem Parmesan bestreuen. Die Lasagne 35–40 Minuten im vorgeheizten Ofen goldbraun backen. Direkt in der Form servieren.

Hauptgerichte mit
Fleisch und Fisch

Bœuf bourguignon

6 Portionen / Zubereitungszeit 35 Minuten plus 8 Stunden Garzeit

6 Stängel glatte Petersilie
4 Zweige frischer Thymian sowie einige Blätter zum Garnieren
1 kg Rindfleisch, z.B. vom Kamm, zerlegt und in Stücke geschnitten
2 Lorbeerblätter
2 Scheiben Speck ohne Rinde, in kleine Stücke geschnitten
300 g Schalotten, geschält
200 g kleine Champignons
2 Knoblauchzehen, zerdrückt
125 ml Rotwein
125 ml salzreduzierter Rinderfond
1 EL Tomatenmark
1 EL Maisstärke oder Maismehl
70 g Babyspinatblätter
Salz
frisch gemahlener Pfeffer

1 Die Petersilienstängel, Thymianzweige und Lorbeerblätter zu einem kleinen Kräuterstrauß zusammenbinden.

2 Die Rindfleisch- und Speckstücke, die Schalotten oder Zwiebeln, die Pilze und den Knoblauch in den Schongarer legen und den Wein, den Fond und das Tomatenmark einrühren. Das Kräutersträußchen oben auf die Mischung legen. Zudecken und bei niedriger Hitze 8 Stunden garen.

3 Das Kräutersträußchen beiseitelegen. Die Maisstärke mit 1½ EL kaltem Wasser glatt rühren und in den Eintopf einrühren. Zudecken, auf die höchste Hitzestufe stellen und weitere etwa 15 Minuten kochen lassen, bis die Soße angedickt ist.

4 Den Spinat vorsichtig unterheben, bis die Blätter zwar ein wenig zusammenfallen, aber noch sattgrün sind. Mit Salz und frisch gemahlenem Pfeffer würzen. Das Gericht mit Thymianblättern garnieren und servieren.

Linguine mit Hummer und Spargel

6 Portionen / Zubereitungszeit 30 Minuten

400 g Linguine
250 g Spargel, in kleine Stücke geschnitten
2 gegarte Hummerschwänze, jeweils 200 g (ohne Panzer)
2 ½ EL Olivenöl
1 rote Chilischote, entkernt und geschnitten
15 g frischer Schnittlauch, fein geschnitten
10 g glatte Petersilie, gehackt
frisch gemahlener Pfeffer

1 Die Linguine in einem großen Topf mit kochendem Wasser nach Anweisung auf der Packung al dente kochen. Abgießen und in den Topf zurückgeben.

2 Währenddessen den Spargel eine Minute lang in einem Topf mit kochendem Wasser blanchieren, abgießen und unter fließendem kaltem Wasser abschrecken. Gut abtropfen lassen.

3 Den Hummer in mundgerechte Stücke zerteilen. Hummer, Spargel, Öl, Chili, Schnittlauch und Petersilie unter die Linguine mischen und bei schwacher Hitze 3 Minuten lang wenden. Mit frisch gemahlenem Pfeffer würzen und heiß servieren.

Osso buco

4 – 6 Portionen / Zubereitungszeit 25 Minuten plus 6 Stunden Garzeit

1 Zwiebel, gewürfelt
1 große Karotte, gewürfelt
2 Selleriestangen, gewürfelt
3 Knoblauchzehen, gepresst
8 Osso-buco-Beinscheiben vom Kalb, ca. 1,25 kg
410 g gehackte Tomaten aus der Dose
125 ml Weißwein
120 ml Rinderfond

Gremolata
10 g glatte Petersilie, gehackt
1 EL abgeriebene Zitronenschale
1 Knoblauchzehe, fein gehackt

1 Zwiebel, Karotte, Sellerie und Knoblauch in den Slowcooker geben. Kalbsscheiben darauflegen. Mit Tomaten, Wein und Rinderfond auffüllen.

2 Abgedeckt 5 ½ Stunden langsam garen. Deckel abnehmen und 30 Minuten reduzieren, bis die Flüssigkeit leicht andickt.

3 Währenddessen Petersilie, Zitronenschale und Knoblauch in eine kleine Schüssel geben und gut durchmischen. Gremolata zum Bestreuen dazu reichen.

Cannelloni mit Huhn und Ricotta

6 Portionen / Zubereitungszeit 90 Minuten

300 g Hühnerfleisch, gehackt	20 g frische Kräuter, fein gehackt, z. B. Petersilie, Schnittlauch, Basilikum	**Soße:**
50 g rote Paprika, gewürfelt	Salz	1 l fettarme Milch
50 g Lauch, nur die weißen Teile, fein gehackt	frisch gemahlener Pfeffer	½ Zwiebel, mit 4 Gewürznelken gespickt
50 g TK-Erbsen	24 Cannelloni, insgesamt ca. 185 g	1 Lorbeerblatt
250 g Ricotta, Magerstufe	40 g feine frische Vollkornsemmelbrösel	1 Prise frisch geriebene Muskatnuss
50 g Mascarpone	50 g geriebener Parmesan	Salz
1 Ei		frisch gemahlener Pfeffer
		50 g Mehl

1 Für die Soße Milch in einen schweren Topf geben. Die mit Nelken gespickte Zwiebel, das Lorbeerblatt und Muskatnuss zugeben und mit Salz und frisch gemahlenem Pfeffer würzen.

2 Währenddessen eine beschichtete Pfanne auf mittlere Hitze erhitzen, Hühnerfleisch zugeben und unter häufigem Rühren garen, bis es weiß und bröselig wird. Beiseitestellen und etwas abkühlen lassen.

3 Paprika, Lauch und Erbsen in eine feuerfeste Schüssel geben, mit kochendem Wasser bedecken und 20 Minuten stehen lassen. In einem Sieb gut abgießen.

4 Ricotta, Mascarpone und Ei verschlagen, Huhn, abgegossenes Gemüse und Kräuter zugeben. Mit Salz und frisch gemahlenem Pfeffer würzen.

5 Mit dem Schaumlöffel die Zwiebel und das Lorbeerblatt aus der abgekühlten Milch nehmen. Unter ständigem Rühren mit dem Schneebesen das Mehl in die Milch einstreuen. Wenn das Mehl eingearbeitet ist, Pfanne wieder auf mittlere Hitze bringen und Soße unter weiterem Rühren mit dem Schneebesen aufkochen lassen. Hitze drosseln und unter häufigem Rühren noch 3 Minuten ziehen lassen.

6 Ofen auf 200 °C vorheizen. Den Boden einer rechteckigen feuerfesten Form (ca. 30 × 30 cm) mit Soße bedecken.

7 Mit einem Teelöffel die Hühnermischung in die Cannelloni füllen. Die Cannelloni nebeneinander auf die Soße legen, übrige Soße darübergeben.

8 Semmelbrösel und Parmesan mischen und über die Cannelloni streuen. 35–40 Minuten backen, bis die Cannelloni oben knusprig werden. Vor dem Servieren noch 10 Minuten ruhen lassen.

Griechischer Nudeltopf mit Auberginen und Kalbfleisch

4 Portionen / Zubereitungszeit 35 Minuten

1 Zwiebel
1 Knoblauchzehe
2 Zweige Rosmarin, mehr zum Garnieren
1 Aubergine (300 g)
400 g Kalbfleisch (Keule), in Würfel geschnitten
4 EL Olivenöl
Salz
frisch gemahlener Pfeffer
400 g reisförmige Nudeln (Kritharaki, Puntalette, Risoni, Orzo)
1 TL Thymian
1 Lorbeerblatt
100 ml trockener Weißwein
400 ml Kalbsfond
100 ml Gemüsebrühe
400 g Tomaten
100 g Schafskäse (z. B. Feta)

1 Zwiebel schälen und in Würfel schneiden. Knoblauch schälen und hacken. Rosmarin waschen. Aubergine waschen, das obere Ende abschneiden und die Frucht in 1 cm große Würfel schneiden.

2 Die Fleischwürfel trocken tupfen. 2 EL Olivenöl in einer Kasserolle erhitzen und das Fleisch darin 2 Minuten bei starker Hitze anbraten, zwischendurch wenden. Herausnehmen, salzen und pfeffern; zugedeckt ruhen lassen.

3 1 EL Olivenöl in der Kasserolle erhitzen, Zwiebel- und Auberginenwürfel darin etwa 2 Minuten unter gelegentlichem Rühren braten.

4 Die Nudeln unter das Gemüse in der Kasserolle rühren und kurz mitbraten. Mit Knoblauch, Rosmarin, Thymian und Lorbeerblatt würzen. Alles mit dem Wein ablöschen.

5 Die Fleischwürfel in die Kasserolle geben, Kalbsfond und Gemüsebrühe dazugießen. Alles aufkochen, dann zugedeckt 7 Minuten köcheln lassen, dabei gelegentlich umrühren.

6 Inzwischen die Tomaten waschen, von den grünen Stielansätzen befreien und in Würfel schneiden. Zu Nudeln, Fleisch und Auberginen geben; 10 Minuten mitköcheln. Gelegentlich umrühren; falls nötig, etwas Brühe nachgießen. Mit Salz und Pfeffer abschmecken.

7 Schafskäse reiben oder zerbröckeln. Das Gericht auf tiefe Teller oder Schalen verteilen. Mit Schafskäse bestreuen, mit dem restlichen Olivenöl (1 EL) beträufeln und mit Rosmarin garnieren.

Vermicelli mit Thunfisch, Oliven und Kapern

4 Portionen / Zubereitungszeit 30 Minuten

500 g Eiertomaten
1 Zwiebel
2 Knoblauchzehen
1 rote Chilischote
Salz
400 g Vermicelli oder Spaghettini
5 EL Olivenöl
125 g schwarze Oliven mit Kräutern
1 EL Tomatenmark
4 Zweige Basilikum
250 g Thunfisch (naturell), abgetropft
frisch gemahlener Pfeffer
2 EL abgetropfte Kapern
geriebener Käse (optional)

1 Die Tomaten mit kochendem Wasser übergießen und kalt abschrecken. Die Früchte von den Stielansätzen befreien, häuten und grob würfeln.

2 Zwiebel und Knoblauch schälen und würfeln bzw. fein hacken. Chili längs halbieren, von Samen befreien und in Streifen schneiden.

3 Inzwischen in einem Topf Wasser mit Salz zum Kochen bringen. Die Vermicelli oder Spaghettini darin nach Packungsangabe bissfest garen.

4 Währenddessen in einer großen Pfanne mit hohem Rand 3 EL Olivenöl erhitzen. Die Zwiebel mit dem Knoblauch darin glasig dünsten. Chili und Oliven kurz miterhitzen.

5 Tomatenmark und zerkleinerte Tomaten zur Zwiebelmischung geben. Die Soße etwa 5 Minuten unter gelegentlichem Rühren köcheln lassen.

6 Das Basilikum waschen und die Blättchen in Streifen schneiden. Den Thunfisch etwas zerpflücken, in die Tomatensoße geben und erhitzen. Mit Salz und Pfeffer abschmecken.

7 Die Nudeln abgießen, abtropfen lassen und in der Pfanne mit der Soße mischen. Restliches Olivenöl (2 EL), die Kapern und das Basilikum untermischen. Sofort servieren, nach Belieben mit geriebenem Käse.

Katalanischer Fischtopf mit Meeresfrüchten

4 Portionen / Zubereitungszeit 30 Minuten

2 große Gemüsezwiebeln
2 Knoblauchzehen
200 g Tintenfisch (nur die Tuben)
500 g Fischfilets, gemischt (z. B. Dorade, Seeteufel, Seehecht, Zackenbarsch)
4 EL Zitronensaft
5 EL Olivenöl
500 g passierte Tomaten
800 ml Fischfond
1 Lorbeerblatt
Salz
frisch gemahlener Pfeffer
75 ml trockener Sherry
4 EL Brandy
250 g Riesengarnelen, geschält, roh
25 g Mandelstifte
2 EL Semmelbrösel
2 Msp. gemahlener Safran
Cayennepfeffer
Dill (optional)

1 Die Zwiebeln schälen und in Würfel schneiden. Den Knoblauch schälen und fein hacken. Die Tintenfischtuben waschen, in Ringe schneiden und in eine Schüssel füllen.

2 Die Fischfilets in mundgerechte Stücke schneiden und in eine zweite Schüssel geben. Tintenfischringe und Fischstücke mit je 1 EL Zitronensaft beträufeln.

3 Das Öl in einem Topf erhitzen. Die Zwiebelwürfel darin glasig dünsten. Tintenfisch und Knoblauch dazugeben und 2 Minuten mitdünsten. Tomaten, Fischfond und Lorbeerblatt untermischen und alles aufkochen. Mit Salz und Pfeffer würzen. Sherry und Brandy unterrühren.

4 Die Fischstücke in die Suppe geben und bei schwacher Hitze in insgesamt 7 Minuten gar ziehen lassen. Nach 4 Minuten die Riesengarnelen hinzufügen und alles zusammen 3 Minuten garen.

5 In der Zwischenzeit die Mandelstifte in einer Pfanne rösten. Dann mit Semmelbröseln, Safran und 5 EL von der Suppe vermischen.

6 Die Mandelmischung in die Fischsuppe rühren. Alles mit dem restlichen Zitronensaft (2 EL) und mit Cayennepfeffer abschmecken. Nach Belieben mit Dill garnieren.

Spanischer Bohnentopf mit Chorizo

4 Portionen / Zubereitungszeit 25 Minuten

1 große Zwiebel
4 Knoblauchzehen
4 EL Olivenöl
1 Dose weiße Bohnen (Abtropfgewicht ca. 500 g)
1 Lorbeerblatt
100 ml Gemüsebrühe
50 g luftgetrockneter roher Schinken (z. B. Serrano)
1 ½ TL edelsüßes Paprikapulver
1 Msp. gemahlener Safran
200 g Chorizo oder andere würzige Wurst
Salz
frisch gemahlener Pfeffer
1 EL Sherryessig

1 Zwiebel schälen und würfeln. Knoblauchzehen schälen und fein hacken. 2 EL Olivenöl in einem Topf erhitzen, Zwiebel und Knoblauch darin glasig dünsten.

2 Die Bohnen aus der Dose in ein Sieb schütten, kalt abspülen und gut abtropfen lassen. Mit dem Lorbeerblatt zu den Zwiebeln in den Topf geben.

3 Die Gemüsebrühe in den Topf gießen und aufkochen lassen. Währenddessen den Schinken in Streifen schneiden.

4 Die Bohnenmischung mit Paprikapulver und Safran würzen, dann Schinken und Chorizo hinzufügen. Alles 10 Minuten ziehen lassen.

5 Die Wurst aus dem Eintopf nehmen und in Scheiben schneiden. Die Bohnensuppe mit Salz und Pfeffer würzen. Den Sherryessig und das restliche Öl (2 EL) unterrühren. Die Chorizoscheiben untermischen und den Eintopf servieren.

Orinetalischer Hähnchentopf

4 Portionen / Zubereitungszeit 30 Minuten

500 g Hähnchenbrustfilets	1 TL Koriandersamen	100 g Babyspinatblätter
600 g Möhren	1 TL gemahlene Kurkuma	Salz
50 g Rosinen	1 Dose gehackte Tomaten	frisch gemahlener Pfeffer
1 EL Öl	(400 g)	150 g Sahnejoghurt
1 TL Kreuzkümmelsamen	400 ml Gemüsebrühe	

1 Die Hähnchenbrustfilets trocken tupfen und in 2 cm große Würfel schneiden. Die Möhren putzen, schälen und in dünne Scheiben schneiden. Die Rosinen heiß abspülen und in einem Sieb abtropfen lassen.

2 Das Öl in einem großen Topf erhitzen und die Hähnchenwürfel darin bei starker Hitze etwa 2 Minuten anbraten. Möhren und Rosinen dazugeben und alles zusammen noch 2 Minuten bei mittlerer Hitze braten.

3 Kreuzkümmel- und Koriandersamen im Mörser leicht zerstoßen. Mit Kurkuma unter die Hähnchen-Möhren-Mischung rühren und kurz mitrösten.

4 Tomaten und Gemüsebrühe hinzufügen und den Eintopf zugedeckt etwa 10 Minuten bei schwacher bis mittlerer Hitze köcheln lassen. Inzwischen die Spinatblätter waschen und verlesen. 2 Minuten vor Ende der Garzeit unter das Gericht mischen.

5 Das Gericht mit Salz und Pfeffer abschmecken. Auf tiefe Teller verteilen, mit Sahnejoghurt garnieren und servieren.

Minz-Auberginen-Couscous mit Lamm

2 Portionen / Zubereitungszeit 40 Minuten

1 schlanke Aubergine
Kräutersalz
5 Stängel (Marokko-) Minze
120 g Instant-Couscous
150 ml Gemüsebrühe
50 g Rosinen
1 EL gehackte Pistazien
2 EL gehackte geröstete Haselnusskerne
frisch gemahlener Pfeffer
½ TL Ras el-Hanout (marokkanische Gewürzmischung)
150 g Naturjoghurt
1 EL Zitronensaft
Salz
1 Lammlachs (etwa 300 g)
3 EL Olivenöl

1 Aubergine in dünne Scheiben schneiden, diese nebeneinander auf Küchenpapier legen. Mit Kräutersalz bestreuen und etwa 20 Minuten ziehen lassen. Die Minze waschen und trocken schwenken. Die Blätter (bis auf ein paar) fein hacken.

2 Den Couscous in der Gemüsebrühe nach Packungsangabe quellen lassen. Rosinen, 3 EL gehackte Minze, Pistazien und Haselnüsse unter den Couscous mischen. Mit Pfeffer und Ras el-Hanout würzen; zugedeckt warm stellen.

3 Joghurt mit restlicher Minze und Zitronensaft verrühren. Mit Salz und Pfeffer abschmecken. Fleisch trocken tupfen, in dünne Scheiben schneiden; mit Kräutersalz und Pfeffer würzen.

4 In einer Pfanne etwa 2 EL Öl erhitzen. Auberginenscheiben trocken tupfen. Im Öl braten; herausnehmen. Fleischscheiben im restlichen Öl (1 EL) braten. Minz-Couscous, Auberginen und Lammfleisch in einer Schüssel mischen. Mit Minzeblättchen bestreuen und mit dem Joghurt servieren.

Gebratener Schwertfisch mit Grapefruit-Avocado-Salsa

4 Portionen / Zubereitungszeit 25 Minuten

4 Schwertfischfilets (je ca. 150 g)	Grapefruit–Avocado-Salsa
1 EL Olivenöl	1 rote/rosa Grapefruit
2 TL gehackter Rosmarin	1 Avocado
frisch gemahlener Pfeffer	½ kleine rote Zwiebel
	1 EL gehackte Petersilie

1 Für die Salsa zunächst die Grapefruit filetieren. Dazu die Schale am Stiel- und Blütenende der Grapefruit gerade abschneiden, damit die Frucht sicher auf der Arbeitsfläche stehen kann. Mit einem scharfen Messer von oben nach unten hinter der Haut der Frucht entlangfahren, um Schale und Haut in einem Schritt zu entfernen. Die geschälte Grapefruit in die Hand nehmen und die Filets mit dem Messer links und rechts entlang der Scheidewände einkerben, um die einzelnen Segmente auszulösen. Die ausgelösten Segmente fein würfeln.

2 Die Avocado ebenfalls fein würfeln. Mit den Grapefruitwürfeln, der Zwiebel und der Petersilie in eine Schale geben und behutsam vermengen.

3 Die Fischfilets mit Olivenöl bestreichen, mit Rosmarin bestreuen und mit frisch gemahlenem Pfeffer würzen. Eine beschichtete Pfanne auf dem Herd stark erhitzen und die Filets darin von jeder Seite 2 Minuten braten, bis sie gerade gar sind. Die fertig gebratenen Filets mit der Salsa auf 4 Tellern anrichten und sofort servieren.

Mediterrane Kartoffelbällchen

4 Portionen / Zubereitungszeit 35 Minuten

2 große Kartoffeln (ca. 300 g), grob gewürfelt
1 EL Oliven- oder Rapsöl, etwas mehr zum Braten
1 Zwiebel, fein gehackt
3 Knoblauchzehen, zerdrückt
15 g Petersilie, gehackt
1 Frühlingszwiebel, in dünnen Ringen
1 EL körniger Senf
½ TL frisch gemahlener weißer Pfeffer
1 Ei
375 g Sardinen (in Wasser eingelegt aus der Dose), abgetropft
80 g frische Vollkorn-semmelbrösel

1 Die Kartoffeln 10 Minuten in kochendem Wasser garen, dann abgießen, beiseitestellen und abkühlen lassen.

2 Das Öl in einer großen beschichteten Pfanne erhitzen. Zwiebel und Knoblauch darin bei mittlerer Hitze 5 Minuten dünsten, bis sie leicht gebräunt sind.

3 Die Kartoffeln stampfen; dabei Petersilie, Frühlingszwiebel, Senf und Pfeffer einarbeiten. Nun Zwiebel und Knoblauch zufügen und dann das Ei unterrühren. Wenn alles gut vermengt ist, vorsichtig die Sardinen unterheben; dabei darauf achten, dass sie nicht komplett zerfallen, es sollten größere Stückchen im Teig zurückbleiben.

4 Die Semmelbrösel in eine flache Schale geben. Die Kartoffelmischung zu hühnereigroßen Kugeln formen und leicht flach drücken.

5 Etwas Öl in einer Pfanne erhitzen und die vorbereiteten Bällchen darin von jeder Seite 5 Minuten braten, bis sie goldbraun und knusprig sind.

Gefüllte Paprika aus dem Slowcooker

6 Portionen / Zubereitungszeit 20 Minuten plus 6 Stunden Garzeit

6 rote Paprika (Glockenpaprika)
350 g Hühnerfleisch, gehackt
100 g Langkornreis
1 kleine Zwiebel, fein gehackt
2 Knoblauchzehen, gepresst
2 EL frischer Dill, gehackt
3 TL abgeriebene Schale einer unbehandelten Zitrone
Salz
frisch gemahlener Pfeffer
250 g passierte Tomaten
250 ml Hühnerfond
100 g Feta, zerbröckelt
2 TL frische Minze, gehackt
Dillzweige zum Garnieren

1 Deckel von den Paprika abschneiden und aufheben. Paprika entkernen.

2 Hühnerfleisch mit Reis, Zwiebel, Knoblauch, Dill und Zitronenschale in eine Schüssel geben. Mit Salz und frisch gemahlenem schwarzem Pfeffer würzen und mit den Händen gut durchmischen. Paprika bis zu drei Vierteln mit der Mischung füllen, damit der Reis Platz zum Quellen hat.

3 Passierte Tomaten über die Reismischung in die Paprika löffeln, Deckel aufsetzen. Paprika in den Slowcooker stellen und mit dem Fond angießen.

4 Abdecken und 6 Stunden garen lassen, bis die Paprika weich sind und der Reis gar ist.

5 Paprikadeckel abnehmen. Füllung mit Feta und Minze bestreuen, Deckel wieder aufsetzen und mit Dillzweigen garnieren.

Hühnerpaella

8 Portionen / Zubereitungszeit 25 Minuten plus 80 Minuten Garzeit

3 EL Olivenöl
8 ganze Hähnchenkeulen, insgesamt etwa 2,5 kg, Haut und sichtbares Fett entfernt, am Gelenk zerteilt
1 große Zwiebel, gehackt
5 Knoblauchzehen, fein gehackt
1 grüne Paprika, in Würfel geschnitten
1 rote Paprika, in Würfel geschnitten
440 g mittelkörniger Reis
750 ml Hühnerfond
1 Dose Tomaten, stückig (410 g)
1 ½ TL Salz
¼ TL Safranfäden
750 g rohe Tigergarnelen, ohne Schale und Darm

1 Das Öl in einer großen feuerfesten Form oder einem Schmortopf bei mittlerer Hitze erhitzen. Die Hühnerschlegel portionsweise von jeder Seite 4 Minuten lang goldbraun anbraten. Fleisch auf einen Teller geben.

2 Zwiebel und Knoblauch in die Form oder den Topf geben, 10 Minuten lang unter häufigem Rühren anbraten, bis die Zwiebel glasig und goldbraun ist. Die Paprika zugeben und unter häufigem Rühren 4 Minuten garen, bis sie gar werden, aber noch Biss haben.

3 Reis zugeben und unter häufigem Rühren 5 Minuten lang anbraten, bis der Reis blassgolden ist. Fond, Tomaten, Salz, Safran und 250 ml Wasser zugeben und bei mittlerer Hitze zum Kochen bringen. Bei schwacher Hitze köcheln lassen. Hühnerfleisch wieder zugeben, abdecken und 30 Minuten lang gar ziehen lassen, bis das Hühnerfleisch zart ist.

4 Krabben auf das Huhn geben, abdecken und weitere 10 Minuten garen, bis die Krabben durch sind und der Reis gar ist.

Marokkanischer Rindfleisch-Cranberry-Eintopf

4 Portionen / Zubereitungszeit 110 Minuten plus Marinierzeit

500 g Rindfleisch aus der Schulter, grob gewürfelt
1 TL Ingwerpulver
1 TL gemahlener Piment
1 TL Kurkumapulver
2 EL Olivenöl
1 Msp. Safranfäden
1 rote Zwiebel, gehackt
1 Zimtstange
30 g Cranberrys, getrocknet
400 g gehackte Tomaten aus der Dose
300 g orangefleischige Süßkartoffeln, gewürfelt
1 Zucchini, längs halbiert und in dicke Scheiben geschnitten
250 g Vollkorn-Couscous
2 TL Harissa
200 g fettarmer Joghurt
2 EL Mandeln, grob gehackt, zum Garnieren
frische Korianderblätter, zum Garnieren

1 Das Fleisch in eine Schüssel geben. Ingwer, Piment, Kurkuma und 1 EL Olivenöl zufügen. Das Fleisch gründlich in der Würzmischung wenden und mehrere Stunden im Kühlschrank marinieren, am besten über Nacht. 30 Minuten vor der Verarbeitung aus dem Kühlschrank nehmen.

2 Den Safran in eine kleine Schale geben. 2 EL heißes Wasser zufügen und 10 Minuten ziehen lassen.

3 Unterdessen das restliche Öl in einem großen Schmortopf erhitzen. Das Fleisch darin bei mittlerer Hitze portionsweise rundum anbraten, dann aus dem Topf nehmen.

4 Die Zwiebel in den Topf geben und bei mittlerer Hitze 10 Minuten goldbraun und weich dünsten. Das Fleisch in den Topf zurückgeben, dann den Safran mit der gesamten Flüssigkeit zugießen. Außerdem Zimtstange, Cranberrys, Tomaten und 375 ml Wasser zufügen. Alles aufkochen, dann die Hitze reduzieren, den Topf abdecken und alles 40 Minuten köcheln lassen.

5 Süßkartoffel und Zucchini zugeben und den Eintopf weitere 30 Minuten ohne Deckel kochen, bis das Fleisch so zart ist, dass es fast von selbst auseinanderfällt.

6 Inzwischen den Couscous in eine hitzebeständige Schale geben. 375 ml kochendes Wasser zugießen und den Couscous 10 Minuten ziehen lassen, bis er das gesamte Wasser aufgesaugt hat. Nun mit einer Gabel durch den Couscous fahren, um ihn aufzulockern.

7 Harissa und Joghurt verrühren. Den fertigen Eintopf mit gehackten Mandeln und Korianderzweigen garnieren und mit Joghurt und Couscous als Beilage servieren.

Paella mit Vollkornreis, Muscheln und Paprika

4 Portionen / Zubereitungszeit 135 Minuten

1 kg Miesmuscheln
80 ml natives Olivenöl
1 rote Zwiebel, gewürfelt
2 große rote Paprika, in dünnen Streifen
4 Knoblauchzehen
1 TL Fenchelsamen
1 TL Paprikapulver
750 ml Hühnerbrühe
275 g Vollkorn-Rundkornreis
250 ml Weißwein
1 Msp. Safranfäden
150 g Erbsen
frisch gehackte Petersilie
1 Zitrone, in Spalten geschnitten

1 Die Muscheln gründlich waschen und entbarten. Beschädigte Exemplare oder solche, die sich auch auf sanften Druck hin nicht schließen, aussortieren und wegwerfen.

2 Das Öl in einer Paella-Pfanne oder einer anderen großen Pfanne (30 cm ∅) erhitzen. Die Zwiebel darin bei mittlerer Hitze 5 Minuten dünsten. Die Paprika zufügen und 3 Minuten mitdünsten. Zerdrückten Knoblauch, Fenchelsamen und Paprikapulver zugeben und alles weitere 2 Minuten bei geringer Hitze kochen. Unterdessen die Brühe in einem Topf aufkochen.

3 Den Reis in die Pfanne geben und rundum mit der Zwiebelmischung überziehen. Wein, Safranfäden und 500 ml Brühe zugeben und die Flüssigkeit aufkochen.

4 Die Muscheln flach auf den Reis legen, sodass der Spalt, an dem sie sich öffnen werden, zur Seite zeigt. Muscheln, die sich geöffnet haben, aus der Pfanne nehmen und in einer hitzebeständigen Schüssel zur Seite stellen. Dann die Hitze reduzieren und die Reismischung 1 Stunde langsam gar ziehen lassen; dabei alle 15 Minuten einmal umrühren und die Pfanne auf dem Herd drehen, damit alles gleichmäßig gart. Bei Bedarf immer so viel von der restlichen Brühe zugießen, dass die Reismischung gerade feucht ist.

5 Die Paella bis zu 30 Minuten weiterkochen und die Pfanne regelmäßig drehen, bis der Reis gar und alle Flüssigkeit verdampft ist; dabei jedoch nicht mehr umrühren.

6 Die Erbsen über den Reis streuen, die Pfanne vom Herd nehmen und mit einem dicht schließenden Deckel oder einem Stück Alufolie abdecken. Die Paella 10 Minuten ruhen lassen, dann die Muscheln zufügen. Mit Petersilie bestreuen und mit den Zitronenspalten zum Beträufeln servieren.

Sardinen auf portugiesische Art

4 Portionen / Zubereitungszeit 30 Minuten

2 EL Olivenöl, plus etwas mehr zum Bestreichen
2 rote Zwiebeln, in dünne Ringe geschnitten
1 rote Paprika, in sehr dünnen Streifen
2 Knoblauchzehen, zerdrückt
3 frische Thymianstängel
12 frische Sardinen-doppelfilets, je ca. 60 g
1 Zitrone, halbiert

1 Das Öl in einer großen Pfanne erhitzen. Die Zwiebeln darin bei mittlerer Hitze 10 Minuten dünsten. Paprika, Knoblauch und Thymian zufügen und alles weitere 5 Minuten braten, bis die Paprika weich und die vom Gemüse abgesonderte Flüssigkeit eingedickt ist. Dann beiseitestellen.

2 Unterdessen einen Grill vorheizen oder eine Grillpfanne bei starker Hitze erhitzen. Die Sardinen dünn mit Olivenöl bestreichen, auf den heißen Grill bzw. in die Pfanne legen und von jeder Seite 4–5 Minuten grillen, bis sie gar und gebräunt sind. Die Schnittflächen der Zitronenhälften leicht mit Olivenöl bestreichen und die Zitronenhälften mit der Schnittfläche nach unten 3 Minuten auf den Grill oder in die Pfanne legen, bis sie heiß und gebräunt sind.

3 Die fertigen Sardinen auf einem Servierteller anrichten. Die Paprika-Zwiebel-Mischung darauf verteilen und alles sofort mit den gegrillten Zitronenhälften servieren.

Bohneneintopf auf italienische Art

4 Portionen / Zubereitungszeit 55 Minuten

1 ½ EL Olivenöl	400 g gehackte Tomaten aus der Dose	1 l Hühnerbrühe
1 Zwiebel, gehackt	400 g Bohnen aus der Dose, abgetropft	1 Lorbeerblatt
1 Möhre, gewürfelt	300 g Hähnchenbrustfilet, in schmalen Streifen	1 TL getrockneter Oregano
2 Selleriestangen, gewürfelt		abgeriebene Schale von 1 unbehandelten Zitrone
1 Zucchini, gewürfelt		150 g Grünkohl, gehackt

1 Bei mittlerer Hitze 1 EL Olivenöl in einem großen Topf erhitzen. Die Zwiebel darin 10 Minuten dünsten, bis sie weich und goldbraun geworden ist. Dann Möhren- und Selleriewürfel zufügen und 5 Minuten mitdünsten, bis sie gerade weich werden.

2 Zucchini, Tomaten, Bohnen und Hähnchenbrustfilet zufügen. Dann die Hühnerbrühe und 250 ml Wasser zugießen. Lorbeerblatt, Oregano und nach Belieben Zitronenschale unterrühren und alles ca. 20 Minuten köcheln lassen, bis Gemüse und Hähnchenbrustfilet gar sind.

3 Unterdessen 1 TL Öl in einem separaten Topf bei mittlerer Hitze erhitzen. Den Grünkohl mit etwas Wasser zugeben, abdecken und ca. 15 Minuten dünsten, bis er zusammengefallen ist.

4 Den gedünsteten Kohl mit einem Schaumlöffel aus dem Topf heben und zu den anderen Eintopfzutaten geben. Alles verrühren und noch einmal 5 Minuten köcheln lassen, bis sich die Aromen verbunden haben. Den fertigen Eintopf auf 4 Portionsschalen verteilen und sofort servieren.

Rosmarin-Lamm mit Topinambur

2 Portionen / Zubereitungszeit 40 Minuten plus 12 Stunden Marinierzeit

4 Knoblauchzehen
400 g Lammfleisch (aus Schulter oder Keule)
3 EL Olivenöl
5 Rosmarinzweige
2 Thymianzweige
3 Schalotten
1 kleine Aubergine (150 g)
1 kleine Zucchini (100 g)
100 g Topinambur
200 g Zuckerschoten
Kräutersalz
frisch gemahlener Pfeffer

1 Am Vortag Knoblauch schälen und halbieren. Fleisch trocken tupfen, in eine ofenfeste Form legen und mit 2 EL Olivenöl einreiben. Knoblauch und die Hälfte der Kräuter hinzufügen; über Nacht zugedeckt kühl stellen.

2 Am nächsten Tag den Backofen auf 200 °C vorheizen. Das Fleisch im heißen Ofen (Mitte) etwa 30 Minuten garen, zwischendurch ab und zu wenden.

3 Schalotten schälen und klein würfeln. Aubergine und Zucchini putzen und in Würfel schneiden. Topinambur nach Belieben schälen und würfeln. Zuckerschoten halbieren.

4 Das restliche Olivenöl (1 EL) in einer Pfanne erhitzen. Schalotten darin glasig dünsten. Aubergine, Zucchini und Topinambur hinzufügen und mitbraten, dann die Zuckerschoten hinzufügen. Mit restlichem Rosmarin und Thymian sowie Kräutersalz und Pfeffer würzen; unter gelegentlichem Rühren 15 Minuten garen.

5 Das Fleisch aus dem Ofen nehmen und in Scheiben schneiden. Mit Kräutersalz und Pfeffer würzen. Das Gemüse auf vorgewärmte Teller verteilen und die Fleischscheiben mit Knoblauch und Kräutern darauf anrichten. Die Portionen nach Belieben mit gerösteten Cocktailtomaten garnieren.

Gekräutertes Rinderfilet mit Zucchini

4 Portionen / Zubereitungszeit 35 Minuten

2 Stängel Rosmarin	4 EL Olivenöl
8 Stängel Thymian	300 g Fettuccine
½ Bund Petersilie	2 Zucchini
Meersalz	250 g Kirschtomaten
grob gemahlener Pfeffer	2 EL frisch geriebener
600 g Rinderfilet	Parmesan

1 Ein Backblech in den Ofen schieben. Den Backofen auf 160 °C vorheizen. Die Kräuter waschen, die Blätter abzupfen, grob hacken und auf die Arbeitsfläche streuen. Meersalz und reichlich Pfeffer darüberstreuen.

2 Das Rinderfilet trocken tupfen und auf den Kräutern hin und her rollen, um es vollständig mit den Kräutern zu umhüllen.

3 In einer Pfanne 2 EL Olivenöl erhitzen und das Fleisch darin bei mittlerer Hitze rundherum 5 Minuten anbraten. Anschließend auf das heiße Blech legen und 25 Minuten im Ofen garen.

4 Inzwischen für die Zucchini-Fettuccine die Nudeln in Salzwasser nach Packungsangabe bissfest garen. Zucchini putzen und waschen; zuerst längs in dünne Scheiben, dann in nudelbreite Streifen schneiden. Kirschtomaten waschen und halbieren.

5 In einer großen Pfanne das restliche Olivenöl (2 EL) erhitzen; Zucchini und Tomaten 2–3 Minuten darin leicht anbraten. Die Nudeln abgießen, kurz abtropfen lassen und unter das Gemüse in der Pfanne heben. Den Parmesan untermischen; mit Salz und Pfeffer abschmecken.

6 Das Filet aus dem Ofen nehmen und in Alufolie wickeln. 5 Minuten ruhen lassen, danach mit einem scharfen Messer in Scheiben schneiden und mit den Zucchini-Fettuccine sofort servieren.

Pot-au-feu mit Schweinefilet

4 Portionen / Zubereitungszeit 30 Minuten

1 l Fleischbrühe	1 zarte Stange Lauch
6 schwarze Pfefferkörner	200 g Brokkoli
150 g junge Möhren	2 Schweinefilets (je 250 g)
8 kleine Frühkartoffeln	Salz
1 Stange Sellerie	frisch gemahlener Pfeffer

1 In einem großen Topf die Brühe mit den Pfefferkörnern zum Kochen bringen.

2 Inzwischen die Möhren schälen und in Stücke schneiden. Die Kartoffeln gründlich waschen. Die Selleriestange waschen, putzen und in 2 cm große Stücke schneiden.

3 Das Gemüse in den Topf geben. Alles aufkochen und bei mittlerer Hitze zugedeckt 10 Minuten kochen lassen.

4 Inzwischen den Lauch putzen, längs aufschneiden und unter fließendem Wasser waschen. Die aufgeschnittene Stange schräg in 2 cm breite Streifen schneiden. Den Brokkoli putzen und in kleine Röschen teilen.

5 Die Schweinefilets in die Brühe mit dem Gemüse legen und bei schwacher Hitze zugedeckt in 12 Minuten gar ziehen lassen. 3 Minuten vor Ende der Garzeit Lauch und Brokkoli hinzufügen.

6 Die Filets aus der Brühe heben und 2–3 Minuten ruhen lassen. Anschließend in dicke Scheiben schneiden und mit Salz und Pfeffer würzen. Die Fleischscheiben mit dem Gemüse und der Brühe in tiefen Tellern anrichten.

Gefüllte Zucchini mit Mandel-Hack

4 Portionen / Zubereitungszeit 50 Minuten

4 Zucchini (je etwa 250 g)	2 Eier	frisch gemahlener Pfeffer
Salz	2 EL Semmelbrösel	40 g geriebener Parmesan
1 Zwiebel	50 g gehackte Mandeln	4 EL Olivenöl, mehr für die Form
2 Knoblauchzehen	2 TL getrockneter Thymian	375 ml Gemüsesaft
500 g Hackfleisch, gemischt	½ TL edelsüßes Paprikapulver	

1 Die Zucchini waschen und längs halbieren, das Fruchtfleisch bis auf einen Rand von etwa 1 cm herausschaben; Zucchini mit etwas Salz bestreuen.

2 Den Backofen auf 200 °C vorheizen. Zwiebel und Knoblauch schälen und fein hacken. Das Hackfleisch in eine Schüssel füllen.

3 Zwiebel, Knoblauch, Eier, Semmelbrösel, Mandeln und Thymian zum Hackfleisch geben. Alles mit den Händen zu einem geschmeidigen Teig verkneten. Mit Salz, Pfeffer und Paprikapulver kräftig würzen.

4 Eine Auflaufform mit Olivenöl ausstreichen. Die Zucchini mit der Hackfleischmasse füllen; dicht nebeneinander in die Form setzen. Die Füllung mit dem Parmesan bestreuen und mit dem Olivenöl beträufeln.

5 Den Gemüsesaft zu den Zucchini in die Form gießen und die Zucchini im heißen Ofen (2. Schiene von unten) etwa 30 Minuten garen.

Italienischer Hackbraten mit Tagliatelle

4 Portionen / Zubereitungszeit 30 Minuten

500 g Rinderhackfleisch	4 EL Olivenöl
50 g Ricotta	250 ml Fleischbrühe
50 g TK-italienische-Kräuter	400 g Tagliatelle
Salz	100 g Sahne
frisch gemahlener Pfeffer	1 TL Speisestärke

1 Hackfleisch und Ricotta in eine Schüssel geben. Die gefrorenen Kräuter, Salz und Pfeffer gründlich unterkneten. Den Teig mit leicht angefeuchteten Händen zu zwei länglichen Laiben formen.

2 Das Öl in einer großen beschichteten Pfanne erhitzen und die beiden Hackbraten darin bei mittlerer Hitze in 5 Minuten auf beiden Seiten anbraten.

3 Die Hälfte der Fleischbrühe zu den Hackbraten gießen und die Braten zugedeckt bei mittlerer Hitze noch 15 Minuten weitergaren, dabei nach 10 Minuten wenden.

4 Inzwischen in einem Topf Wasser mit Salz zum Kochen bringen und die Tagliatelle darin nach Packungsangabe bissfest garen.

5 Die Hackbraten aus der Pfanne nehmen und in Alufolie wickeln oder im Ofen warm stellen. Den Bratensatz mit der übrigen Fleischbrühe loskochen.

6 Sahne und Speisestärke verquirlen. Die Bratensoße mit der Sahne-Stärke-Mischung binden. Die Braten in Scheiben schneiden und mit Nudeln und Soße servieren.

Saltimbocca mit Marsala-Soße

4 Portionen / Zubereitungszeit 30 Minuten

8 Kalbsschnitzel (je 60 g)	3 EL Öl
8 hauchdünne Scheiben Parmaschinken	125 ml Marsala (italienischer Dessertwein)
16 Salbeiblätter	1 EL Balsamico-Essig
frisch gemahlener Pfeffer	50 g kalte Butter
Salz	Außerdem: Holzstäbchen

1 Die Schnitzelchen mit Küchenpapier trocken tupfen und flach drücken. Auf jedes Schnitzel 1 Scheibe Schinken und 1 Salbeiblatt legen.

2 Die Schnitzel in der Mitte quer zusammenklappen. Auf jedes Schnitzel ein Salbeiblatt legen und alles mit einem Holzstäbchen zusammenstecken. Die Saltimbocca mit Pfeffer würzen und nur leicht salzen.

3 Das Öl in einer großen Pfanne erhitzen. Die Saltimbocca darin bei starker Hitze auf jeder Seite 1–2 Minuten braten. Aus der Pfanne nehmen, in Alufolie wickeln und im 100 °C heißen Backofen warmhalten.

4 Den Bratensatz in der Pfanne mit dem Marsala ablöschen und die Soße mit Balamico-Essig würzen.

5 Um die Soße zu binden, die Butter in Stückchen schneiden und die Butterstückchen nach und nach mit dem Schneebesen kräftig unter die Soße schlagen.

6 Die Marsala-Soße mit Salz und Pfeffer abschmecken. Jeweils zwei Saltimbocca mit der Soße auf einem Teller anrichten.

Wildschwein-Salsicce-Ragout mit Gnocchi

4 Portionen / Zubereitungszeit 25 Minuten

800 g Gnocchi (Kühlregal)	1 Knoblauchzehe
Salz	2 frische Feigen
300 g Wildschweinfleisch (Nacken, Rücken oder Keule)	2 EL Butter
2 Salsicce	150 ml trockener Rotwein (z. B. Merlot)
20 kleine Salbeiblätter	150 g Sahne
	frisch gemahlener Pfeffer

1 Für die Gnocchi reichlich Salzwasser in einem Topf zum Kochen bringen. Währenddessen das Wildschweinfleisch etwa 1 cm groß würfeln. Das Brät aus den Salsicce drücken und in etwa 1 cm große Stücke schneiden.

2 Die Salbeiblätter waschen und trocken tupfen. Den Knoblauch schälen und in dünne Scheiben schneiden. Feigen waschen und längs in Spalten schneiden.

3 Die Butter in einer großen Pfanne erhitzen. Das Wildschweinfleisch und die Bratwurststücke darin unter Wenden etwa 2 Minuten braten. Salbeiblätter, Knoblauch und Feigen dazugeben und kurz mitbraten. Die Feigenspalten aus der Pfanne nehmen und beiseitestellen.

4 Wein und Sahne zu den Zutaten in die Pfanne gießen und das Ragout offen etwa 3 Minuten köcheln lassen.

5 Inzwischen die Gnocchi nach Packungsangabe im kochenden Salzwasser gar ziehen lassen. In ein Sieb abgießen, abtropfen lassen und unter das Ragout heben. Das Gericht mit Salz und Pfeffer abschmecken, auf tiefe Teller verteilen und mit den Feigenspalten garnieren.

Hähnchen-Cassoulet

4 Portionen / Zubereitungszeit 55 Minuten

600 g Hähnchenunterschenkel
Salz
frisch gemahlener Pfeffer
100 g durchwachsener Speck, in dünnen Scheiben
2 Dosen weiße Bohnen (Abtropfgewicht jeweils 250 g)
2 Dosen gehackte Tomaten (je 400 g)
4 EL Olivenöl
100 ml trockener Weißwein (z. B. grüner Veltliner)
200 g TK-Suppengemüse
2 TL getrocknetes Bohnenkraut
4 EL Semmelbrösel

1 Den Backofen auf 200 °C vorheizen. Die Hähnchenunterschenkel trocken tupfen, kräftig salzen und pfeffern. Den Speck quer in schmale Streifen schneiden. Die Bohnen in ein Sieb abgießen, abspülen und kurz abtropfen lassen.

2 Speck, Bohnen, Tomaten, 2 EL Olivenöl, Weißwein, gefrorenes Suppengemüse und das Bohnenkraut in einer großen Auflaufform mischen; alles salzen und pfeffern.

3 Die Hähnchenunterschenkel in die Gemüse-Speck-Mischung setzen und das Cassoulet im heißen Backofen (Mitte) etwa 45 Minuten garen.

4 Das Gericht 10 Minuten vor Ende der Garzeit mit den Semmelbröseln bestreuen und mit dem restlichen Olivenöl beträufeln, damit sich eine schöne Kruste bildet.

Rotbarbe auf Pistazien-Safran-Risotto

2 Portionen / Zubereitungszeit 30 Minuten

4–5 Safranfäden	120 g Risottoreis	Salz
450 ml Gemüsebrühe	(z. B. Arborio)	Chiliflocken oder
½ Zwiebel	75 ml Weißwein	Chilipulver
1 Knoblauchzehe	1 Streifen unbehandelte	4 Rotbarbenfilets
1 TL Fenchelsamen	Orangenschale	mit Haut (je 50 g)
2 EL Olivenöl	30 g Pistazienkerne	Chilisalz

1 Safranfäden in 2 EL Brühe einweichen. Die Zwiebelhälfte schälen und fein würfeln. Den Knoblauch schälen und in Scheiben schneiden. Fenchelsamen im Mörser zerstoßen. In einem weiten Topf 1 EL Olivenöl bei schwacher Hitze heiß werden lassen und die Zwiebelwürfel darin glasig dünsten. Den Reis hinzufügen und kurz mitdünsten. Mit dem Wein ablöschen; etwas köcheln lassen.

2 Unter gelegentlichem Rühren portionsweise etwas heiße Brühe dazugießen und einkochen lassen, bis der Reis nach 15–20 Minuten weich ist, aber noch etwas Biss hat. Nach 10 Minuten Garzeit Fenchelsamen, Knoblauch, Orangenschale und den Safran mit Brühe unter den Risotto rühren. Kurz vor dem Servieren die Pistazien untermischen. Die Orangenschale entfernen und den Risotto mit Salz und einer Prise Chili würzen.

3 Etwa 5 Minuten, bevor der Risotto gar ist, die Fischfilets trocken tupfen. Das restliche Öl (1 EL) in einer Pfanne erhitzen. Die Rotbarben darin auf der Hautseite etwa 2 Minuten braten; wenden. Pfanne vom Herd nehmen; die Filets in der Resthitze 2 Minuten ziehen lassen. Herausnehmen, auf Küchenpapier abtropfen lassen; mit Chilisalz würzen. Risotto auf Teller verteilen, auf jede Portion 2 Fischfilets setzen; servieren.

Scampi provenzalische Art mit Tomatensoße

4 Portionen / Zubereitungszeit 30 Minuten

1 EL natives Olivenöl extra	125 ml Fischfond	1 Prise Safranfäden
1 große Zwiebel, gehackt	½ EL Fenchelsamen	250 g Langkornreis
1 Fenchel, gehackt	abgeriebene Schale und	400 g ausgelöste rohe
1 große Knoblauchzehe,	Saft von ½ unbehandel-	Kaisergranate oder
abgezogen und zerdrückt	ten Orange	Riesengarnelen
1 kleine Dose gehackte	Salz	frische Basilikumblätter
Tomaten (400 g)	frisch gemahlener Pfeffer	zum Servieren

1 Das Öl in einer großen beschichteten Pfanne mit Deckel erhitzen. Zwiebel, Fenchel und Knoblauch darin bei mittlerer Hitze etwa 5 Minuten unter gelegentlichem Rühren anbraten. Tomaten, Fischfond, Fenchelsamen, Orangensaft und -schale zufügen. Salzen und pfeffern. Unter Rühren zum Kochen bringen, dann die Hitze auf niedrige Stufe reduzieren und bei halb aufgesetztem Deckel 12 Minuten köcheln lassen.

2 Inzwischen die Safranfäden in einem Topf mit kochendem Wasser zerkrümeln. Den Reis zufügen und 10–12 Minuten bzw. nach Packungsangabe gar kochen.

3 Die Tomatensoße erneut zum Kochen bringen, dann die Hitze auf niedrige Stufe reduzieren. Die Kaisergranate oder Garnelen auf die Soße setzen und bei geschlossenem Deckel 3–4 Minuten gar dämpfen. Die Soße darf nicht kochen, sonst drohen die Kaisergranate oder Garnelen zäh zu werden.

4 Den Reis abgießen und auf Servierschalen verteilen. Kaisergranate oder Garnelen darauf anrichten und mit der Soße überziehen. Mit dem Basilikum bestreuen und sofort servieren.

Fischtopf mit Knoblauch und Tomaten

6 Portionen / Zubereitungszeit 40 Minuten

1 Stange Sellerie	500 ml Fischfond oder	frisch gemahlener Pfeffer
1 Zwiebel	Hühnerbrühe	2 EL gehackte Petersilie
3 Knoblauchzehen	2 Lorbeerblätter	Zitronenschnitze zum
2 EL Olivenöl	1,5 kg TK-Fischfilets und	Servieren
125 ml Weißwein	TK-Meeresfrüchte	
750 ml passierte Tomaten	Salz	

1 Den Sellerie waschen, putzen und fein zerkleinern. Zwiebel und Knoblauch schälen. Die Zwiebel fein würfeln, den Knoblauch zerdrücken.

2 Das Öl in einem großen Topf heiß werden lassen. Sellerie und Zwiebel darin mit dem Knoblauch bei mittlerer Hitze unter Rühren in etwa 5 Minuten glasig dünsten. Den Wein angießen und aufkochen lassen.

3 Tomaten und Brühe mit den Lorbeerblättern dazugeben und 10 Minuten köcheln lassen, dann Fisch und Meeresfrüchte hinzufügen und in der Suppe nach Packungsangabe gar ziehen lassen. Den Fisch im Topf in mundgerechte Stücke teilen.

4 Den Fischtopf mit Salz und Pfeffer würzen, mit Petersilie bestreuen und mit Zitronenschnitzen servieren.

Gegrillter Lachs mit Granatapfelglasur

4 Portionen / Zubereitungszeit 35 Minuten

100 ml Granatapfelsaft
2 EL Sojasoße
1 Knoblauchzehe, in Scheiben geschnitten
4 Lachsfilets (je 150 g)
2 EL Olivenöl oder Rapsöl
Kerne eines halben Granatapfels

1 Für die Marinade den Granatapfelsaft und die Sojasoße in eine breite, flache, nicht-metallische Schüssel gießen. Den Knoblauch zugeben und verteilen. Den Lachs in die Marinade legen und 15 Minuten lang marinieren lassen.

2 Ein Back- oder Grillblech mit Alufolie auslegen und mit einem kleinen Teil des Öls bestreichen. Den Lachs aus der Marinade nehmen und die Marinade beiseitestellen. Den Lachs mit der Hautseite nach unten auf die Folie legen, mit Öl bestreichen und ebenfalls beiseitestellen. Den Grill auf hoher Stufe vorheizen.

3 Die Marinade in einen kleinen Topf schütten und bei starker Hitze 2–3 Minuten lang aufkochen, bis sie zu einem dickflüssigen Sirup eingekocht ist. Ein wenig davon mit einem Löffel über den Lachs verteilen, dann den Lachs unter den heißen Grill schieben und 3 Minuten grillen. Die Lachsstücke wenden, erneut mit der Marinade bestreichen und weitere 4–5 Minuten grillen, bis sie gut durch sind. Zwischendurch noch einmal mit der Marinade bestreichen.

4 Nun die Lachsstücke auf 4 Teller verteilen und mit der restlichen Soße aus dem Backblech übergießen. Vor dem Servieren mit den Granatapfelkernen garnieren.

Vielseitige
Vegetarische Gerichte

Zitronen-Safran-Risotto

4 Portionen / Zubereitungszeit 45 Minuten

1 l heißer Gemüsefond	2 Knoblauchzehen,	geriebene Schale einer
1 Prise Safranfäden	fein gehackt	unbehandelten Zitrone
1 EL Olivenöl	440 g Arborioreis	Salz
1 EL (20 g) Butter	(Risottoreis)	frisch gemahlener Pfeffer
1 Zwiebel, fein gehackt	2 EL Saft und 1 EL ab-	50 g Parmesan, geraspelt

1 Gemüsefond und Safran in einen Topf geben und aufkochen lassen. Auf sehr niedriger Flamme warmhalten.

2 Öl und Butter in einem Topf mit schwerem Boden bei mittlerer Hitze erwärmen. Zwiebel, Knoblauch und Reis 3–4 Minuten lang anbraten, dabei mit einem Holzlöffel umrühren.

3 Die Brühe kellenweise zum Reis geben und garen, 3 Minuten lang rühren – beziehungsweise solange, bis die Flüssigkeit fast vollständig aufgenommen wurde. Heiße Brühe nach und nach zugeben. Die Garzeit beträgt insgesamt 20–25 Minuten. Das Risotto ist fertig, wenn der Reis weich, aber noch bissfest, saftig und cremig ist (eventuell noch etwas heißes Wasser zugeben).

4 Topf vom Herd nehmen, Zitronensaft und -schale einrühren. Mit Salz und frisch gemahlenem Pfeffer würzen. Topf noch 1 Minute auf die Herdplatte stellen, Risotto vor dem Servieren noch einmal umrühren. Jede Portion mit geraspeltem Parmesan und reichlich Pfeffer bestreuen.

Spanische Schicht-Tortilla

6 Portionen / Zubereitungszeit 20 Minuten plus 80 Minuten Garzeit

200 g Erbsen
150 g grüne Bohnen, in kurze, kleine Stücke geschnitten
80 ml kalt gepresstes Olivenöl
Salz
frisch gemahlener Pfeffer
150 g kleine Champignons, dünn geschnitten
12 Eier
250 g gekochte Kartoffeln (festkochend), geschält, in dünnen Scheiben
1 Zwiebel, fein gehackt
410 g Tomaten aus der Dose, gehackt
2 TL frischer Oregano oder 1 TL getrockneter Oregano

1 Erbsen im Topf in Salzwasser 10 Minuten kochen. Erbsen mit dem Schaumlöffel herausnehmen, Wasser wieder aufkochen, darin 10 Minuten lang die Bohnen garen. Gut abgießen und beiseitestellen.

2 Einen TL Öl in einer Bratpfanne erhitzen, Pilze 10 Minuten dünsten. Mit Salz und frisch gemahlenem Pfeffer würzen. Drei Eier in einer Schüssel verschlagen, über die Pilze geben und bei mittlerer Hitze zum Stocken bringen. Tortilla aus der Pfanne auf einen Teller gleiten lassen. Mit einem zweiten Teller abdecken und wenden. Den oberen Teller abnehmen, die Tortilla wieder in die Pfanne geben und goldbraun braten. Aus der Pfanne nehmen und warmhalten.

3 Einen weiteren EL Öl in der Bratpfanne erhitzen. Die Kartoffeln und die Zwiebel 10 Minuten dünsten. Weitere drei Eier verschlagen, über die Kartoffelmischung geben und stocken lassen, einmal wenden wie zuvor beschrieben. Auf die Pilztortilla geben und warmhalten.

4 Auf dieselbe Weise eine Erbsentortilla aus den Erbsen und eine Bohnentortilla aus den Bohnen herstellen und jeweils auf den Tortillastapel schichten; warmhalten.

5 Währenddessen die Tomaten und den Oregano in einem Topf bei mittlerer Hitze auf den Herd stellen. Mit Salz und frisch gemahlenem Pfeffer würzen. Den Tortillastapel in sechs Tortenstücke teilen, mit der Soße übergießen und servieren.

Sardische Ravioli

6 Portionen / Zubereitungszeit 90 Minuten

Nudelteig:	60 g Hüttenkäse,	Salz
500 g Mehl	abgeseiht	frisch gemahlener Pfeffer
1 Prise Salz	5 Frühlingszwiebeln,	1 Ei, verschlagen
4 Eier, verschlagen	dünn geschnitten	**Garnitur:**
1 EL kalt gepresstes	2 EL Petersilie, gehackt	500 g Tomaten, gewürfelt,
Olivenöl	1 EL frischer Thymian,	oder 410 g Tomaten
Füllung:	grob gehackt	aus der Dose, gewürfelt
500 g Kartoffeln, gekocht	35 g geriebener Parmesan	1 EL extra natives
und gestampft	4 Knoblauchzehen, gehackt	Olivenöl

1 Für den Teig Mehl und Salz in eine Schüssel geben, in die Mitte eine Vertiefung drücken und Eier und Öl zugeben. Nach und nach ins Mehl einarbeiten. Wenn nötig, 1–2 EL Wasser zugeben, bis ein fester Teig entsteht. 5–10 Minuten geschmeidig kneten. Den Teig in einer Plastiktüte bei Zimmertemperatur eine Stunde ruhen lassen.

2 Die gestampften Kartoffeln mit Hüttenkäse, Frühlingszwiebeln, Petersilie und der Hälfte des Thymians, des Parmesans und des Knoblauchs mischen. Mit Salz und frisch gemahlenem Pfeffer würzen, dann das Ei untermischen.

3 Den Nudelteig vierteln. Drei Portionen wieder in die Tüte legen, während Sie eine Hälfte davon zu einem dünnen Rechteck (20 × 50 cm) ausrollen. Abdecken, während Sie die zweite Hälfte auf gleiche Größe ausrollen.

4 Auf eine Teigplatte mit dem Teelöffel die Füllung verteilen: in drei Reihen mit jeweils 5 cm Abstand. Teig dazwischen mit Wasser bepinseln. Zweite Teigplatte auflegen. Teig zwischen den Häufchen zusammendrücken. Dann mit einem Nudelrad oder einem scharfen Messer im versiegelten Bereich durchschneiden. Ravioli trennen und auf einen leicht bemehlten Teller legen. Mit dem übrigen Pastateig und der restlichen Füllung genauso verfahren.

5 Tomaten in einen Topf geben und mit Salz und frisch gemahlenem Pfeffer würzen. Bei schwacher Hitze vorsichtig erwärmen.

6 Die Ravioli in einem großen Topf in kochendem Wasser 3 Minuten garen, bis sie weich sind. Gut abgießen.

7 Die Ravioli auf vorgewärmten Tellern servieren und mit den warmen Tomaten, dem verbleibenden Knoblauch, Thymian und Parmesan garnieren. Vor dem Servieren mit Öl beträufeln.

Omelett mit Kichererbsen

4 Portionen / Zubereitungszeit 35 Minuten

60 ml extra natives Olivenöl
1 kleine Zwiebel, gehackt
1 Knoblauchzehe, zerdrückt
1 TL Kreuzkümmel, gemahlen
1 TL Koriander, gemahlen
1 Prise Cayennepfeffer
250 g neue Kartoffeln, gewaschen und in Stücke geschnitten
1 rote Paprikaschote, in Stücke geschnitten
1 Aubergine, in Stücke geschnitten
410 g Kichererbsen (Dose), gewaschen, abgetropft
6 Eier
2 EL frischer gehackter Koriander
Salz
frisch gemahlener Pfeffer

1 In einer beschichteten Pfanne mit 25 cm ∅ und hitzebeständigen Griffen 1 EL des Öls erhitzen. Die Zwiebelstücke 2–3 Minuten anbraten, bis sie glasig werden. Knoblauch, Kreuzkümmel, gemahlenen Koriander und Cayennepfeffer einrühren und etwa 1 Minute unter ständigem Rühren anbraten.

2 Einen weiteren EL Öl hinzufügen und die Kartoffel-, Paprikaschoten- und Auberginenstücke in die Pfanne geben. Etwa 5 Minuten lang anbraten und dabei immer wieder umrühren, bis die Gemüsestücke angebräunt sind.

3 80 ml Wasser hinzugeben, zudecken und 5 Minuten köcheln lassen. Dann ohne Deckel alles weiterköcheln lassen, bis die überschüssige Flüssigkeit verdampft ist. Dann die Kichererbsen unterheben.

4 Die Eier in einer großen Schüssel leicht verrühren. Den frischen gehackten Koriander hinzufügen und mit Salz und frisch gemahlenem Pfeffer würzen. Nun die Mischung aus Kichererbsen und Gemüse aus der Pfanne in die Eiermischung in der Schüssel einrühren.

5 Den Grill (Backofen) auf hohe Stufe vorheizen. Das restliche Öl in die Pfanne geben und auf mittlerer Stufe erhitzen. Die Eier-Gemüse-Mischung gleichmäßig in der Pfanne verteilen. Das Omelett etwa 3–4 Minuten anbraten, bis es beinahe gestockt ist (an der Oberfläche soll die Eimischung noch nicht vollständig gebraten sein).

6 Die Pfanne unter den Grill schieben und das Omelett noch etwa 2 Minuten grillen, bis auch die Eimischung an der Oberfläche angebräunt ist. Das Omelett aus dem Grill nehmen und 2 Minuten ruhen lassen. Anschließend das Omelett aus der Pfanne auf eine Servierplatte gleiten lassen, in Stücke schneiden und noch heiß servieren.

Marokkanisches Couscous

4 Portionen / Zubereitungszeit 15 Minuten

250 ml Gemüsebrühe	Salz
3 TL Pflanzenöl	300 g Couscous
1 ½ TL geriebene Zitronenzesten	2 Dosen Kichererbsen (je 300 g), abgegossen und kurz gewaschen
1 TL Kreuzkümmel, gemahlen	125 g Rosinen

1 Die Brühe, das Öl, die Zitronenzesten, den Kreuzkümmel, eine Prise Salz und 310 ml Wasser in einen großen Topf geben und aufkochen.

2 Das Couscous hinzufügen, erneut aufkochen, vom Herd nehmen und 5 Minuten quellen lassen.

3 Das Couscous mit einer Gabel auflockern, die Kichererbsen und Rosinen sorgfältig unterrühren und sofort servieren.

Gnocchi mit Gorgonzolasoße

4 Portionen / Zubereitungszeit 20 Minuten

160 ml flüssige Sahne
100 g Gorgonzola oder einen anderen Blauschimmelkäse
2 EL Schnittlauch, gehackt
4 EL Walnusskerne, grob gehackt
500 g frische Gnocchi

1 Die Sahne in einen Topf geben und auf kleiner Flamme zum Köcheln bringen. Den Käse zerbröseln oder grob hacken, mit dem größten Teil des Schnittlauchs in die Sahne geben. 2 TL Schnittlauch zum Garnieren zurückbehalten. Auf kleiner Flamme 2 Minuten lang rühren, bis der Käse geschmolzen ist. Die Nüsse einrühren.

2 Währenddessen Gnocchi in einen großen Topf mit kochendem Wasser geben und gut umrühren. Wieder aufkochen lassen. Abgießen, sobald die Gnocchi oben schwimmen.

3 Gnocchi vorsichtig unter die Soße heben und in Schalen oder tiefe Teller geben. Mit dem restlichen Schnittlauch bestreuen und servieren.

Ricotta-Spinat-Gnocchi mit Tomatensoße

4 Portionen / Zubereitungszeit 30 Minuten

200 g Spinat, geputzt	kleine frische Basilikumblättchen, zum Garnieren	**Tomatensoße:**
1 Ei, leicht verquirlt	frisch gemahlener Pfeffer	1 EL Olivenöl
100 g Vollkornmehl, plus etwas mehr für die Arbeitsfläche	**Ricotta:**	1 Zwiebel, fein gehackt
50 g fein geriebener Parmesan	3 l fettarme Milch	5 Knoblauchzehen, zerdrückt
gehobelter Parmesan, zum Garnieren	2 EL Bittersalz	800 g frische Tomaten, gehackt, oder
	80 ml Weißweinessig oder Zitronensaft	800 g gehackte Tomaten aus der Dose

1 Für den Ricotta die Milch in einem großen Topf aufkochen. Bittersalz und Essig oder Zitronensaft unter Rühren zufügen. Dann alles bei geringer Hitze ohne umzurühren 10 Minuten köcheln lassen, bis die Ricottamasse aufsteigt.

2 Den Spinat in einer hitzebeständigen Schüssel unter ein mit einem Tuch ausgekleidetes dünnmaschiges Sieb stellen. Den Ricotta über dem Sieb abgießen, sodass die heiße Molke auf den Spinat tropft und ihn zusammenfallen lässt. Den Spinat abgießen, den Ricotta abtropfen und abkühlen lassen.

3 Für die Soße das Öl in einem Topf erhitzen. Die Zwiebel darin 5–10 Minuten glasig dünsten. Den Knoblauch zufügen und 1 Minute unter Rühren mitdünsten. Dann die Tomaten zugeben. Die Soße 15 Minuten köcheln lassen, bis sie eingedickt ist; warmhalten, bis die Gnocchi fertig sind.

4 Den Spinat in der Küchenmaschine zerkleinern oder mit einem scharfen Messer fein hacken. Überschüssige Flüssigkeit auspressen, den Spinat mit dem Ricotta mischen und das Ei unterschlagen. Dann Mehl und Parmesan zufügen und kurz unterrühren, bis alle Zutaten gerade vermengt sind.

5 Die Ricottamasse auf einer leicht bemehlten Arbeitsfläche zu esslöffelgroßen Kugeln rollen und mit dem Daumen leicht flach drücken. Die so entstandenen Gnocchi auf einen Teller legen und mindestens 20 Minuten kalt stellen.

6 Die Gnocchi portionsweise in kochendem Wasser gar ziehen lassen. Sobald sie an die Oberfläche steigen, mit einem Schaumlöffel herausheben. Auf vorgewärmte Teller verteilen, etwas heiße Soße dazugeben, mit Parmesan und Basilikumblättchen garnieren, mit Pfeffer würzen und servieren.

Safranreis mit Mandeln und Granatapfel

2 Portionen / Zubereitungszeit 25 Minuten

2 EL Olivenöl	Salz
150 g Wildreismischung (Langkorn- und Wildreis)	30 g Mandelblättchen
	½ Granatapfel
1 Prise Safranfäden	¼ Bund Petersilie

1 In einem Topf 1 EL Olivenöl bei mittlerer Hitze erwärmen. Den Reis darin andünsten. Den Safran in 2 EL Wasser auflösen und mit 300 ml Wasser zum Reis geben. Das Ganze salzen, unter Rühren aufkochen lassen und den Reis zugedeckt bei schwächster Hitze etwa 20 Minuten quellen lassen.

2 Inzwischen die Mandeln in einer beschichteten Pfanne ohne Fett rösten. Die Kerne vorsichtig aus der Granatapfelhälfte herauslösen. Die Petersilie waschen und trocken schwenken. Die Blätter abzupfen und fein hacken.

3 Den gegarten Reis mit einer Gabel auflockern. Das restliche Öl, die Granatapfelkerne, die Mandelblättchen und die Petersilie untermischen. Den Reis mit Salz abschmecken. Nach Belieben gewürzten Joghurt dazu reichen.
Für eine nicht vegetarische Alternative mit gebratenen Hähnchenbruststreifen servieren.

Fettucine mit Walnüssen und Knoblauchjoghurt

4 Portionen / Zubereitungszeit 40 Minuten

400 g grüne Fettuccine 60 ml Olivenöl 50 g Walnusskerne, grob gehackt	**Knoblauchjoghurt:** 250 g griechischer Joghurt 1 Knoblauchzehe, zerdrückt	20 g frischer Dill, fein gehackt frisch gemahlener Pfeffer

1 Für den Knoblauchjoghurt ein feinmaschiges Küchensieb auf eine große Schüssel setzen. Ein Mulltuch (ca. 25 cm Seitenlänge) in heißem Wasser tränken, auswringen und das Sieb damit auslegen. Griechischen Joghurt und Knoblauch in eine Schüssel geben und mischen. Dann die Mischung in das vorbereitete Sieb geben, mit Frischhaltefolie abdecken und über Nacht oder besser noch 24 Stunden im Kühlschrank abtropfen lassen.

2 Den abgetropften Joghurt in eine Schüssel geben. Dill und etwas Pfeffer unterrühren und den fertigen Knoblauchjoghurt beiseitestellen.

3 Die Fettuccine in einem großen Topf mit kochendem Wasser gemäß Packungsanweisung bissfest garen.

4 Wenn die Nudeln fast gar sind, das Öl in einer beschichteten Pfanne bei mittlerer Hitze erwärmen. Die Walnüsse darin ca. 3 Minuten goldbraun rösten.

5 Die Nudeln abgießen und in den Topf zurückgeben. Die gerösteten Nüsse mit dem Öl zufügen und sorgfältig unterheben. Die fertigen Nudeln auf vorgewärmte Schalen verteilen, je einen großzügigen Klacks Joghurt dazugeben und servieren.

Maccheroncini mit gegrilltem Gemüse

4 Portionen / Zubereitungszeit 30 Minuten

6 EL Olivenöl, mehr für das Blech
500 g rote, gelbe und grüne Paprikaschoten, am besten Spitzpaprika
1 Aubergine (etwa 300 g)
Salz
frisch gemahlener Pfeffer
400 g Maccheroncini oder andere kurze Nudeln
2 Knoblauchzehen
1 TL getrockneter Oregano
½ TL getrockneter Rosmarin
1 TL getrockneter Thymian
geriebener Käse (optional)

1 Den Backofengrill vorheizen. Das Backblech mit Öl ausstreichen. Die Paprikaschoten putzen, waschen und quer in etwa 1 cm breite Streifen schneiden.

2 Die Aubergine waschen, das obere Ende abschneiden und die Frucht in Streifen schneiden. Dafür die Aubergine längs vier Mal einschneiden, dann quer in etwa 0,5 cm dicke Streifen schneiden.

3 Das zerkleinerte Gemüse in einer Schüssel mit 4 EL Olivenöl mischen, salzen und pfeffern. Die Mischung auf dem Backblech verteilen und im Backofen (Mitte) etwa 15 Minuten rösten, zwischendurch wenden.

4 Währenddessen in einem Topf Wasser mit Salz zum Kochen bringen und die Nudeln darin nach Packungsangabe bissfest garen. Die Knoblauchzehen schälen und fein hacken.

5 Vom Nudelkochwasser etwa 4 EL abnehmen und beiseitestellen. Die Nudeln abgießen und kurz abtropfen lassen. Im Nudelkochtopf das restliche Olivenöl (2 EL) erhitzen und den Knoblauch darin kurz anbraten. Oregano, Rosmarin und Thymian kurz mitbraten.

6 Die Nudeln mit dem Nudelkochwasser zurück in den Topf geben; mit Salz und Pfeffer abschmecken. Die Nudeln mit dem Grillgemüse anrichten. Nach Belieben geriebenen Käse dazu reichen.

Gebackene Polenta nach Toskana-Art

4 Portionen / Zubereitungszeit 60 Minuten

25 getrocknete Steinpilze
400 ml entrahmte Milch
1 ½ EL extra natives Olivenöl
20 g Butter
2 Stängel Sellerie
250 g Champignons
35 g Mehl
1 Spritzer Zitronensaft
Salz
frisch gemahlener Pfeffer
1 Dose Borlotti-Bohnen (etwa 410 g), abgegossen und gewaschen
185 g Instant-Polenta
2 Eier, aufgeschlagen
25 g Parmesan, gerieben

1 Die getrockneten Steinpilze in einen kleinen Topf geben und 250 ml der Milch hinzugießen. Kurz aufkochen, vom Herd nehmen und zum Einweichen beiseitestellen.

2 Öl und Butter in einer breiten Pfanne auf kleiner Stufe erhitzen. Den Sellerie in dünne Scheiben schneiden, hineingeben und etwa 3–4 Minuten leicht anbraten, bis er weich wird. Dabei mehrmals umrühren. Die Hitze ein wenig steigern, die Champignons zufügen und unter Rühren etwa 3 Minuten anbraten, bis sie auch weich sind.

3 Das Mehl darüberstreuen und unter Rühren weitere 2 Minuten braten. Nun nach und nach die restlichen 150 ml Milch einrühren und unter Rühren kurz aufkochen, sodass die Mischung eindickt.

4 Die Milch von den Steinpilzen abseihen und in die Champignon-Sellerie-Soße mischen. Erneut unter Rühren aufkochen. Die Steinpilze in grobe Streifen schneiden, zugeben und etwa 2 Minuten köcheln lassen. Den Zitronensaft zugießen und nach Geschmack mit Salz und Pfeffer würzen.

5 Die Pilzsoße in eine flache, feuerfeste Form umfüllen und gleichmäßig verteilen. Die Borlotti-Bohnen darauf verteilen und beiseitestellen.

6 Den Backofen auf 200 °C vorheizen. In einem schweren Topf die Polenta in 750 ml kochendem Wasser etwa 5 Minuten (oder nach Packungsanleitung) kochen, bis sie eingedickt ist. Vom Herd nehmen und die Eier und etwa die Hälfte des geriebenen Parmesans kräftig unterrühren. Nach Geschmack mit Salz und Pfeffer würzen.

7 Die Polenta-Mischung über die Pilze und die Bohnen gießen und den restlichen Parmesan darüberstreuen. Etwa 20 Minuten lang backen, bis die Füllung Blasen wirft und die Oberseite leicht angebräunt ist. Heiß servieren.

Pasta Fagioli

4 Portionen / Zubereitungszeit 55 Minuten

3 TL Olivenöl 1 Zwiebel, gehackt 1 Karotte, längs halbiert, in schmalen Scheiben 1 rote Paprika, in kleine Stücke geschnitten	3 Knoblauchzehen 250 g grob passierte Tomaten aus der Dose 30 g frisches Basilikum, gehackt, weitere Blätter zum Garnieren	Salz frisch gemahlener Pfeffer 540 g rote Kidneybohnen 375 ml Gemüsebrühe 125 g Rotelle (Radnudeln) 50 g geriebener Parmesan

1 Das Öl in einem Topf auf mittlerer Stufe erhitzen. Die Zwiebel, Karotte, Paprikaschote und den zerdrückten Knoblauch etwa 7 Minuten anbräunen, bis die Zwiebel glasig ist. Tomaten und Basilikum unterrühren und mit Salz und frisch gemahlenem Pfeffer würzen. Etwa 5 Minuten köcheln lassen, bis ein Teil der Flüssigkeit verdampft ist.

2 Die Bohnen, die Brühe und 750 ml Wasser unterrühren. Einmal aufkochen, dann auf niedrigere Hitze schalten, zudecken und etwa 15 Minuten köcheln lassen, bis die Bohnen langsam aufspringen und die Soße eindicken. Ein Viertel der Bohnen mit der Rückseite eines Esslöffels an der Topfwand zerdrücken.

3 Die Mischung erneut aufkochen, die Rotelle zugeben und ohne Deckel etwa 10 Minuten kochen lassen, bis die Nudeln bissfest sind. Vor dem Servieren mit dem Parmesan bestreuen und mit den zusätzlichen gehackten Basilikumblättern garnieren.

Kürbis und Limabohnen auf marokkanische Art

4 Portionen / Zubereitungszeit 25 Minuten plus 6 Stunden Garzeit

1 EL Olivenöl
1 Lauchstange, längs halbiert und in Streifen geschnitten
1 rote Paprikaschote, entkernt und in Stücke geschnitten
400 g Limabohnen aus der Dose, abgetropft
600 g Kürbis, geschält, entkernt und in 4 cm breite Stücke geschnitten
2 Pastinaken, längs halbiert, in dicken Scheiben
2 Zucchini, in dicke Scheiben geschnitten
½ TL gemahlenes Kurkuma
je ½ TL gemahlener Kreuzkümmel und Koriander
1 Prise Chili (optional)
90 g getrocknete Aprikosen, in Stücke geschnitten
375–500 ml Gemüsebrühe
40 g geröstete Pinienkerne
gehackte Petersilien- oder Korianderblätter zum Anrichten

1 Das Öl in einem großen Topf erhitzen. Den Lauch und die Paprikaschoten hineingeben und etwa 5 Minuten bei mittlerer Hitze anbraten, bis beides weich wird.

2 Alle anderen Gemüsestücke, die Gewürze, die gemahlenen Chili, die Aprikosen und 375 ml Brühe hinzufügen, zudecken und aufkochen. Dann die Hitze reduzieren und etwa 20–25 Minuten köcheln lassen, bis die Gemüsestücke weich sind. Zwischendurch nachsehen und Brühe ergänzen, wenn die Mischung zu trocken erscheint.

3 Auf Suppenteller oder Schüsseln verteilen, mit den Pinienkernen sowie Petersilie oder Koriander bestreuen und servieren.

Gemüse-Couscous

2 Portionen / Zubereitungszeit 30 Minuten

15 g Butter
3 TL Olivenöl
1 kleine Zwiebel, gehackt
2 kleine Karotten, in kleinen Stücken
½ kleine Kohlrübe, in kleine Stücke geschnitten
1 Pastinake, in kleine Stücke geschnitten
1 Prise Cayennepfeffer
1 Prise Kurkuma
½ TL gemahlener Ingwer
½ TL Zimt
1 Prise Safranfäden
Salz
frisch gemahlener Pfeffer
90 g getrocknete Aprikosen, in kleine Stücke geschnitten
40 g gefrorene Erbsen
60 g Kichererbsen (Dose), abgespült und abgetropft
125 g Couscous
2 Stängel frischer Koriander zum Garnieren

1 Die Butter und das Öl in einer großen, feuerfesten Auflaufform erhitzen. Die Zwiebeln hineingeben und etwa 5 Minuten leicht anbräunen, bis sie weich sind.

2 Die Karotten-, Kohlrüben- und Pastinakenstücke hinzufügen, Cayennepfeffer, Kurkuma, Ingwer, Zimt und Safranfäden einrühren und nach Geschmack mit Salz und Pfeffer würzen.

3 Die Aprikosen, Erbsen, Kichererbsen und 300 ml kochendes Wasser hinzugeben und kurz aufkochen. Die Hitze reduzieren, zudecken und etwa 15 Minuten köcheln lassen.

4 In der Zwischenzeit 250 ml Wasser in einem Topf zum Sieden bringen, das Couscous einstreuen und umrühren. Die Herdplatte ausschalten und zugedeckt stehen lassen, bis das Gemüse fertig ist.

5 Sobald das Gemüse fertig ist, das Couscous nach Geschmack mit Salz und Pfeffer würzen. Die Körner mit einer Gabel etwas auflockern und das Couscous auf zwei Teller verteilen. Das Gemüse dazugeben, mit Koriander garnieren und servieren.

Hirse mit Spinat und Pinienkernen

4 Portionen / Zubereitungszeit 30 Minuten

200 g Hirse	250 g Babyspinatblätter
60 g getrocknete Aprikosen, grob geschnitten	Saft einer halben Zitrone
1 l Gemüsebrühe	Salz
50 g Pinienkerne	frisch gemahlener Pfeffer

1 Die Hirse und die getrockneten Aprikosen in einen großen Topf geben und die Brühe einrühren. Einmal aufkochen, dann die Hitze reduzieren und etwa 15–20 Minuten lang köcheln lassen, bis die gesamte Brühe eingezogen und die Hirse weich ist.

2 In der Zwischenzeit die Pinienkerne in einer kleinen Pfanne anrösten, bis sie goldbraun sind und duften. Anschließend beiseitestellen.

3 Den Spinat und Zitronensaft unter die Hirse mischen und nach Geschmack mit Salz und Pfeffer würzen. Die Pfanne zudecken und bei sehr schwacher Hitze mit dem Spinat noch 4–5 Minuten stehen lassen.

4 Die Hirse-Spinat-Mischung noch einmal sanft umrühren und in eine Servierschüssel umfüllen. Die gerösteten Pinienkerne darüberstreuen und sofort servieren.

Kichererbsen-Feta-Taschen

4 Portionen / Zubereitungszeit 50 Minuten

200 g Kartoffeln, geschält und in kleine Würfel geschnitten	2 Dosen Kichererbsen (je 410 g), abgegossen und gewaschen	3 EL Frühlingszwiebeln, in Stücke geschnitten
80 ml extra natives Olivenöl	50 g Feta, in Stücke zerteilt	Salz
6 Schalotten, fein gehackt	40 g Sultaninen	frisch gemahlener Pfeffer
1 ½ TL Koriander	1 kleine Chilischote, ohne Samen und gehackt	16 Platten Blätterteig (je etwa 30 × 18 cm)
1 ½ TL Kreuzkümmel		1 TL Sesamkörner

1 Den Backofen auf 190 °C vorheizen. Die Kartoffelstücke in einen Topf mit kochendem Wasser geben und 5 Minuten köcheln lassen. Gründlich abgießen und beiseitestellen.

2 1 EL des Öls in einer breiten Pfanne erhitzen, die Schalotten zugeben und etwa 2–3 Minuten leicht anbraten, bis sie weich sind. Den gemahlenen Koriander und Kreuzkümmel einrühren und etwa 30 Sekunden lang mitbraten.

3 Die Pfanne vom Herd nehmen und die Kichererbsen, Kartoffeln, den Feta, die Sultaninen, Chilischote und Frühlingszwiebeln hinzugeben; mit Salz und Pfeffer würzen. Gründlich umrühren, sodass sich alles gut mischt.

4 Eine Platte Blätterteig auf die Arbeitsfläche legen und mit ein wenig Öl bestreichen. Eine zweite Platte darauflegen und ebenfalls dünn mit Öl bestreichen. Ein Achtel der Füllung etwa 2,5 cm vom Rand entfernt auf eines der kurzen Enden des Teigs geben. Die Seiten darüber falten und anschließend von dem kurzen Rand her zu einer geschlossenen Tasche zusammenrollen. Das Gleiche mit den restlichen Platten des Blätterteigs und der Füllung wiederholen, sodass sich am Ende 8 Taschen ergeben.

5 Die Taschen auf ein Backblech legen, dünn mit dem restlichen Öl bepinseln und die Sesamsamen darüberstreuen. Etwa 20–25 Minuten backen, bis der Teig knusprig und goldbraun ist. Entweder warm oder kalt servieren.

Lasagne mit Cannellini-Bohnen und Linsen

6 Portionen / Zubereitungszeit 25 Minuten plus 90 Minuten Garzeit

200 g (etwa 12) Lasagne-Nudelblätter
1 Dose (etwa 400 g) Artischockenherzen, abgegossen, abgespült und in Scheiben geschnitten
160 g Ricotta
100 ml entrahmte Milch
25 g geriebener Parmesan

Linsen-Bohnen-Soße:
1 EL Sonnenblumenöl
1 große rote Zwiebel, in Scheiben geschnitten
90 g rote Linsen
2 rote Paprikaschoten, in kleine Stücke geschnitten
1 große Karotte, in dünne Scheiben geschnitten
2 Stängel Sellerie, in dünne Scheiben geschnitten
500 ml Gemüsebrühe
1 Lorbeerblatt
Salz
frisch gemahlener Pfeffer
2 Dosen Cannellini-Bohnen (je 410 g), abgegossen und gewaschen

1 Für die Soße das Öl in einem Topf erhitzen und die Zwiebeln darin etwa 10 Minuten leicht anbraten, bis sie weich sind. Die Linsen, Paprikaschoten, Karotten, den Sellerie, die Brühe und das Lorbeerblatt hinzugeben. Kurz aufkochen, dann die Hitze reduzieren und etwa 25 Minuten köcheln lassen, bis die Linsen und das Gemüse sehr weich sind.

2 Das Lorbeerblatt herausnehmen und die Soße in einem Mixer oder mit dem Stabmixer direkt in der Pfanne pürieren, bis sie glatt ist. Nach Geschmack mit Salz und Pfeffer würzen und die Cannellini-Bohnen einrühren.

3 Den Backofen auf 190 °C vorheizen. Mit einem Löffel etwa ein Viertel der Soße auf dem Boden einer eingefetteten Lasagneform verteilen und mit einem Drittel der Lasagne-Nudeln bedecken. Nun die Hälfte der restlichen Soße darüber verteilen und die Hälfte der Artischockenscheiben auf die Soße legen. Es folgen eine weitere Schicht Pasta, der Rest der Soße und der Rest der Artischocken. Ganz oben das Ganze mit der letzten Schicht Lasagne-Nudeln abschließen.

4 Den Ricotta in eine Schüssel geben und mit der Milch verrühren, bis die Masse glatt ist. Nach Geschmack mit Pfeffer würzen. Die Ricotta-Soße mit dem Löffel über die Lasagne verteilen und anschließend den geriebenen Parmesan darüberstreuen.

5 Die Lasagne etwa 40 Minuten backen, bis sie Blasen wirft und die Oberseite goldbraun ist. Aus dem Backofen nehmen und vor dem Servieren etwa 5 Minuten lang setzen lassen.

Spaghetti alla Napoletana

4 Portionen / Zubereitungszeit 25 Minuten

1 kg sonnengereifte Tomaten (Eier- oder Fleischtomaten)	5 EL Olivenöl
Salz	frisch gemahlener Pfeffer
400 g Spaghetti	1 Msp. Zucker
	1 Bund Basilikum
	50 g geriebener Parmesan

1 Die Tomaten mit kochend heißem Wasser übergießen, kalt abschrecken, von den grünen Stielansätzen befreien und häuten. Das Tomatenfruchtfleisch in Würfel schneiden.

2 Inzwischen in einem Topf Wasser mit Salz zum Kochen bringen. Die Spaghetti hineingeben und nach Packungsangabe bissfest garen.

3 Währenddessen in einem zweiten Topf das Olivenöl erhitzen. Die Tomatenwürfel hineingeben und bei schwacher Hitze unter gelegentlichem Rühren offen köcheln lassen, bis die Spaghetti im anderen Topf gar sind. Mit Salz, Pfeffer und Zucker würzen.

4 Inzwischen das Basilikum waschen und trocken schütteln. Die Blättchen abzupfen und in Streifen schneiden.

5 Die Spaghetti abgießen, gut abtropfen lassen und zu den Tomaten geben. Die Basilikumstreifen und die Hälfte des geriebenen Käse dazugeben; gut mischen.

6 Die Tomaten-Spaghetti auf vorgewärmten Tellern anrichten und mit dem restlichen Parmesan bestreuen. Die Portionen nach Belieben mit Basilikumblättchen garnieren. Sofort servieren.

Auberginen-Bohnen-Auflauf

8 Portionen / Zubereitungszeit 75 Minuten plus 90 Minuten Garzeit

2 rote Paprikaschoten, der Länge nach in flache Streifen geschnitten	2 große Zwiebeln	1 TL frischer Thymian
4 Auberginen (etwa 1,2 kg)	4 Knoblauchzehen, zerdrückt	380 g gekochte Kidneybohnen
Salz	3 Dosen Roma-Tomaten (je 410 g)	350 g Kichererbsen, gekocht
3 EL Olivenöl	10 g Salbei, gehackt	8 Stängel glatte Petersilie

1 Den Grill bei mittlerer Hitze vorheizen. Die Paprikaschotenstreifen mit der Hautseite nach oben auf das Grillgitter legen und etwa 12 Minuten grillen, bis die Haut schwarz wird. Wenn die Streifen etwas abgekühlt sind, abschälen und in 5 cm lange Streifen schneiden.

2 Zwei der Auberginen würfeln, die anderen zwei der Länge nach in Scheiben schneiden. Nach Belieben leicht salzen und 30 Minuten beiseitestellen.

3 Die Hälfte des Olivenöls in einer großen Pfanne auf mittlerer Stufe erhitzen. Die in dünne Streifen geschnittenen Zwiebeln und den Knoblauch zugeben und sanft etwa 5 Minuten anbraten, bis sie goldgelb werden. Die Auberginenwürfel zugeben und etwa 20 Minuten braten, bis sie weich sind. Die Dosentomaten zusammen mit ihrem Saft hinzufügen, zudecken und 20 Minuten köcheln lassen. Nun den Salbei und Thymian einrühren, ebenso die Kidneybohnen und Kichererbsen. Sollte die Mischung ein wenig trocken sein, einfach 1–2 EL Wasser hinzugeben.

4 Den Backofen auf 180 °C vorheizen. Die Auberginenscheiben kurz abspülen und mit einem Papiertuch trocken tupfen. Die Scheiben in dem restlichen Olivenöl etwa 5 Minuten lang leicht anbraten, bis sie auf beiden Seiten goldbraun sind.

5 Eine Lage der Bohnen-Tomaten-Mischung in eine große, flache Auflaufform füllen und mit einer Schicht Auberginenscheiben sowie einigen Paprikaschotenstreifen bedecken. Eine weitere Lage Bohnen darüberfüllen und erneut mit abwechselnd Auberginenscheiben und Paprikastreifen bedecken. Etwa 30 Minuten backen und anschließend vor dem Servieren noch 5 Minuten stehen lassen. Mit der Petersilie garnieren und z. B. mit Kartoffelbrei servieren.

Provenzalische Gemüsetarte

4 Portionen / Zubereitungszeit 65 Minuten

Öl für die Pfanne
2 weiße Zwiebeln oder Frühlingszwiebeln, in Scheiben geschnitten
225 g Mehl
1 ½ TL Thymian, gehackt
½ TL Salz
80 ml eiskaltes Wasser
2 EL Olivenöl
2 Zucchini (je 200 g)
4 Tomaten, in dünne Scheiben geschnitten
2 EL geriebener Parmesan oder ein ähnlicher Hartkäse

1 Eine große beschichtete Pfanne mit Öl einpinseln und auf mittlerer bis hoher Stufe erhitzen. Die Hitze auf mittlere bis niedrige Stufe reduzieren, die Zwiebeln hineingeben und etwa 20 Minuten garen, bis sie sehr weich und golden sind. Auf einen Teller legen.

2 Den Backofen auf 200 °C vorheizen. Ein 32 × 22 cm großes Backblech oder eine runde Tarteform mit herausnehmbarem Boden und 28 cm ∅ leicht einfetten.

3 Das Mehl, den Thymian und die Hälfte des Salzes in einer großen Schüssel vermischen. Das eiskalte Wasser und das Öl damit verkneten, bis ein weicher Teig entsteht. Die Arbeitsfläche dünn mit Mehl bestäuben und den Teig zu einem 35 × 25 cm großen Rechteck oder einem Kreis mit 32 cm ∅ ausrollen, einschlagen und in die Form heben. Den überstehenden Rand abschneiden.

4 Die Zucchini diagonal in etwa 2,5 cm dicke Scheiben schneiden. Die Pfanne erneut mit Öl einpinseln und auf mittlerer Stufe erhitzen. Die Zucchini hineingeben und etwa 5–7 Minuten anbraten, bis sie goldbraun sind.

5 Die Zucchini, Tomaten und Zwiebeln immer wieder abwechselnd der Reihe nach auf dem Tarteboden schräg stehend und leicht überlappend anordnen. Mit dem restlichen Salz und dem gesamten Parmesan bestreuen. Etwa 20 Minuten im Backofen backen, bis die Kruste goldbraun ist. Warm oder bei Zimmertemperatur servieren.

SAFRAN

Vermicelli mit Zucchini und Safran

4 Portionen / Zubereitungszeit 20 Minuten

500 g kleine gelbe Zucchini
4 Frühlingszwiebeln
4 EL Olivenöl
4 Msp. Safran, gemahlen
200 ml Gemüsebrühe
Salz
400 g Vermicelli oder andere Spaghetti
4 Zweige Basilikum
4 Stängel Petersilie
frisch gemahlener Pfeffer
2 Eigelb
1 EL Zitronensaft
60 g geriebener Pecorino oder Parmesan

1 Die Zucchini waschen und die Enden abschneiden. Zucchini schräg in knapp 0,5 cm dicke Scheiben schneiden. Die Frühlingszwiebeln putzen, waschen und fein zerkleinern.

2 In einem großen Topf 3 EL Olivenöl erhitzen und die Frühlingszwiebeln darin kurz dünsten.

3 Das Safranpulver in 1 EL lauwarmem Wasser auflösen und zu den Frühlingszwiebeln geben. Die Zucchinischeiben hinzufügen und kurz mitdünsten. Die Brühe dazugießen. Das Gemüse zugedeckt etwa 10 Minuten garen, dabei gelegentlich umrühren.

4 Inzwischen in einem zweiten Topf Wasser mit Salz zum Kochen bringen. Die Nudeln darin nach Packungsangabe bissfest garen.

5 Basilikum und Petersilie waschen. Die Blätter abzupfen und in Streifen schneiden bzw. hacken.

6 Die Eigelbe und das restliche Olivenöl (1 EL) unter das Zucchinigemüse rühren; nicht mehr kochen lassen. Mit Salz, Pfeffer und Zitronensaft abschmecken.

7 Die Spaghetti abgießen und abtropfen lassen. Zusammen mit den Kräutern zum Zucchinigemüse geben und untermischen, dabei die Hälfte vom Käse unterheben.

8 Das Gericht auf tiefe Teller verteilen. Mit dem restlichen Käse bestreuen und sofort servieren.

Gestürzte Zwiebeltarte mit Pistazien

Für 1 Tarteform (⌀ 28 cm) / Zubereitungszeit 45 Minuten

50 g weiche Butter
3 Zwiebeln
1 Handvoll Pistazienkerne
200 g Crème fraîche
2 EL gemischte TK-Kräuter
Salz
frisch gemahlener Pfeffer
1 EL Puderzucker
1 Rolle Blätterteig
(275 g, aus dem Kühlregal)
Rettichsprossen zum
Garnieren

1 Den Backofen auf 200 °C vorheizen. Die Form mit der Butter ausfetten. Die Zwiebeln schälen und in etwa 1 cm dicke Scheiben schneiden. Die Pistazien grob hacken. Die Crème fraîche mit Kräutern, Salz und Pfeffer cremig rühren.

2 Den Boden der Form gleichmäßig mit Puderzucker bestreuen. Die Zwiebelscheiben dicht an dicht in die Form legen, darauf und dazwischen Pistazien streuen. Die Kräuter-Crème-fraîche auf die Zwiebelscheiben verteilen.

3 Den Blätterteig entrollen und quer ein Quadrat abschneiden; den Teigrest anderweitig verwenden (z. B. für Käsegebäck). Das Teigquadrat auf die Form legen, überstehende Ecken abschneiden. Die Teigplatte fest auf die Zwiebeln drücken, den Teigrand dabei am Rand in die Form schieben.

4 Die Tarte im heißen Ofen (unten) etwa 30 Minuten backen, bis der Teig aufgegangen und goldbraun ist. Herausnehmen, auf eine Servierplatte stürzen, mit Rettichsprossen garnieren und in Stücke schneiden; sofort servieren.

Pizza mit Artischocken, Zucchini und Tomaten

Für 1 Backblech / Zubereitungszeit 35 Minuten

400 g Mehl, mehr zum Arbeiten
1 Päckchen Trockenhefe
Salz
1 TL Zucker
2 EL Olivenöl
1 TL Tomatenmark
100 g gehackte Tomaten (Dose)
frisch gemahlener Pfeffer
1 Zucchini
1 Glas Artischockenherzen in Öl (Abtropfgewicht 280 g)
1 Glas getrocknete Tomaten in Öl (Abtropfgewicht 100 g)
250 g Mozzarella, in Scheiben geschnitten
Basilikum zum Garnieren
Außerdem: Backpapier

1 Den Backofen auf 200 °C vorheizen. Das Backblech mit Backpapier belegen. Das Mehl mit Hefe, 1 TL Salz und Zucker mischen. Öl und 250 ml lauwarmes Wasser hinzufügen und alles zu einem glatten Teig verkneten.

2 Den Teig auf der bemehlten Arbeitsfläche auf Backblechgröße ausrollen. Auf das Blech legen, dabei rundherum einen etwa 1 cm hohen Rand formen.

3 Gehackte Tomaten mit Tomatenmark verrühren; salzen und pfeffern. Die Zucchini in Scheiben schneiden. Den Pizzaboden mit der Tomatenmischung bestreichen und mit den Zucchini belegen.

4 Artischocken und Tomaten aus den Gläsern nehmen, kurz abtropfen lassen und auf der Pizza verteilen. Alles mit Mozzarellascheiben belegen und mit etwas vom Artischockenöl beträufeln.

5 Die Pizza im heißen Ofen 20 Minuten (unten) backen. Herausnehmen, mit Basilikum garnieren, in Stücke schneiden und sofort servieren.

Ziegenkäse-Tomaten-Kuchen

Für 1 Springform (20 cm ∅) / Zubereitungszeit 60 Minuten

30 g Butter, mehr für die Form
1 Handvoll Basilikumblätter
100 g salzige Cracker
200 g Cocktailtomaten
100 g Ziegengouda
2 Eier
250 g Quark (20 % Fett)
2 EL Grieß
Salz
frisch gemahlener Pfeffer

1 Den Backofen auf 180 °C vorheizen. Die Form mit Butter fetten. Basilikum waschen und trocken tupfen. Einige Blätter beiseitelegen, die restlichen quer in Streifen schneiden.

2 Die Butter in einer kleinen Pfanne zerlassen. Cracker zerbröseln (im Mixer oder in einem Gefrierbeutel mithilfe einer Teigrolle); mit Butter und Basilikumstreifen mischen. Bröselmasse auf dem Formboden verteilen und andrücken. Tomaten waschen, trocken reiben und auf dem Crackerboden verteilen.

3 Den Ziegengouda raspeln. Eier trennen. Die Eiweiße zu Schnee schlagen. Quark mit Eigelben, Grieß und Käse cremig rühren, die Masse mit Salz und Pfeffer abschmecken. Eischnee unterheben.

4 Die Käsemasse auf den Tomaten in der Form verteilen. Den Käsekuchen im heißen Ofen (Mitte) etwa 35 Minuten backen, bis die Masse gestockt und gebräunt ist. Herausnehmen und abkühlen lassen. Mit Basilikum garnieren, in Viertel schneiden und servieren.

Gefüllte Paprikaschoten mit Bulgur

4 Portionen / Zubereitungszeit 60 Minuten

1 Zwiebel	1 Bund Petersilie	50 g Mandelstifte
2 Knoblauchzehen	200 g Schafskäse	1 TL Chiliflocken
2 EL Olivenöl	(z. B. Feta)	(Pul Biber)
200 g Bulgur	je 2 große rote und gelbe	Salz
420 ml Gemüsebrühe	Paprikaschoten	frisch gemahlener Pfeffer

1 Zwiebel schälen und fein würfeln. Knoblauch schälen und fein hacken. In einem Topf das Öl erhitzen und die Zwiebel darin glasig dünsten.

2 Bulgur und Knoblauch hinzufügen und 1–2 Minuten mitbraten. 220 ml Brühe dazugießen, aufkochen und den Bulgur zugedeckt bei schwächster Hitze etwa 10 Minuten quellen lassen.

3 Inzwischen den Backofen auf 200 °C vorheizen. Die Petersilie waschen und trocken schütteln; die Blätter abzupfen und fein hacken. Den Schafskäse zerkrümeln. Die Paprikaschoten längs halbieren, putzen und waschen.

4 Den Bulgur mit einer Gabel auflockern. Petersilie, Schafskäse, Mandelstifte und Chiliflocken untermischen. Mit Salz und Pfeffer würzen.

5 Die Paprikahälften mit der Bulgurmischung füllen und in eine ofenfeste Form (etwa 30 × 25 cm) setzen. Die übrige Brühe dazugießen. Die Paprikaschoten im heißen Ofen etwa 30 Minuten garen.

Verführerische
Desserts

Blaubeer-Semifreddo

8 Portionen / Zubereitungszeit 20 Minuten plus 4 Stunden Gefrierzeit

620 g Blaubeeren
110 g Zucker
250 ml fettarme Milch
3 TL Mehl
500 g fettarmer Ricotta
90 g fettreduzierter Sauerrahm
90 g Honig
1 TL Vanilleextrakt

1 Blaubeeren und Zucker in einen Topf geben. Bei mittlerer Hitze etwa 5 Minuten lang ziehen lassen, bis die Mischung leicht andickt. Vom Herd nehmen und bei Zimmertemperatur abkühlen lassen.

2 Währenddessen die Milch in einen kleinen Topf geben und das Mehl einrühren. Aufkochen und unter ständigem Rühren etwa 5 Minuten lang kochen, bis die Mischung leicht andickt. Auf Zimmertemperatur abkühlen lassen, dann in die Küchenmaschine geben. Ricotta, Sauerrahm, Honig und Vanilleextrakt zugeben, zu einer glatten Masse verrühren.

3 Die Ricottacreme in eine Schüssel geben und 500 ml Blaubeersoße unterheben. Die übrige Soße bis zum Servieren im Kühlschrank aufbewahren.

4 Eine gläserne Kastenform (23 × 13 cm) mit Frischhaltefolie auskleiden. Folie etwas überstehen lassen, um das Semifreddo herauszuheben. Beerenmasse in die Form füllen, glatt streichen. Mit Frischhaltefolie abdecken und 4 Stunden lang einfrieren.

5 Semifreddo 10 Minuten vor dem Servieren aus dem Gefrierschrank nehmen. Auf eine Servierplatte stürzen. In Scheiben schneiden und mit der übrigen Blaubeersoße servieren.

Rosenblätter-Gelee

4 Portionen / Zubereitungszeit 25 Minuten plus 8 Stunden Kühlzeit

2 gehäufte TL klares Gelatinepulver
80 g extrafeiner Zucker
500 ml Sekt oder Prosecco
1 EL Rosenwasser
18 kleine Rosenblätter, gewaschen, weitere Blätter zum Garnieren
Himbeeren, zum Garnieren (nach Belieben)
Schlagsahne, zum Garnieren (nach Belieben)

1 Das Gelatinepulver in eine kleine Tasse mit 2 EL Wasser streuen und beiseitestellen.

2 Den Zucker und 125 ml Sekt in einen großen Topf schütten und bei mittlerer Hitze so lange rühren, bis sich der Zucker aufgelöst hat.

3 Die Gelatinemischung in die Zuckermischung geben und so lange rühren, bis sich alles gut aufgelöst hat. Vom Herd nehmen und abkühlen lassen. Den restlichen Sekt, das Rosenwasser und die Rosenblätter einrühren.

4 Die Mischung in einzelne Gläser oder hauchfein gefettete Formen schütten. Mindestens 8 Stunden kaltstellen, bis der Inhalt fest ist.

5 Das Gelee auf Dessertteller stürzen und nach Belieben mit Rosenblättern, Himbeeren und Schlagsahne garnieren.

Schokoladen-Latte-Cotto

6 Portionen / Zubereitungszeit 25 Minuten plus 4 Stunden Kühlzeit

2 EL ungesüßtes Kakaopulver
2 gehäufte TL klares Gelatinepulver
750 ml fettarme Milch
115 g weicher brauner Zucker
30 g Halbbitter-Schokolade, grob zerkleinert
geriebene Muskatnuss
Halbbitter-Schokoladenraspel zum Garnieren

1 Das Kakaopulver mit 2 EL Wasser in eine kleine Schüssel geben und verrühren, bis der gesamte Kakao nass ist.

2 In einer anderen Schüssel 250 ml Milch mit dem Gelatinepulver bestreuen und etwa 5 Minuten stehen lassen, bis alles weich geworden ist.

3 Inzwischen die restliche Milch in einen Topf schütten und den braunen Zucker, die Schokoladenstücke und eine gute Prise geriebene Muskatnuss hineingeben und vorsichtig erwärmen, bis die Schokolade geschmolzen ist. Von der Herdplatte nehmen und die Kakaomischung einrühren.

4 Nun die Gelatinemischung einrühren, den Topf zurück auf die Herdplatte stellen und etwa 3 Minuten kochen lassen, bis die Gelatine sich aufgelöst hat. Die Mischung sofort gleichmäßig auf sechs kleine Gläser oder Förmchen (ca. 180 ml Inhalt) verteilen und auf Zimmertemperatur abkühlen lassen. Anschließend mindestens 4 Stunden lang kalt stellen. Nach Belieben vor dem Servieren mit Schokoladenraspeln garnieren.

Kirsch-Crêpes

4 Portionen / Zubereitungszeit 40 Minuten

750 g Kirschen, entsteint
2 EL Kirschwasser oder Kirschlikör
2 EL Zucker (extrafein)
80 ml Crème double

Crêpes:
100 g Mehl
2 Eier
330 ml fettarme Milch

1 Kirschen mit Kirschwasser oder Kirschlikör, Zucker und 1 EL Wasser in eine große Bratpfanne geben. Bei mittlerer Hitze 5 Minuten dünsten und gelegentlich umrühren, damit sich der Zucker auflöst – bis die Kirschen weich sind und etwas Saft gezogen haben. Beiseitestellen und warm halten.

2 Sahne mit dem Mixer halbsteif schlagen. Abdecken und bis zum Servieren in den Kühlschrank stellen.

3 Für die Crêpes das Mehl in eine Schüssel sieben, in die Mitte eine Vertiefung drücken. Eier und Milch verschlagen, nach und nach zum Mehl geben und vorsichtig zu einer glatten Masse rühren.

4 Crêpe-Eisen oder beschichtete Pfanne mit etwas Öl einfetten. 60 ml Teig in die Pfanne geben und verstreichen, bis der Boden vollständig bedeckt ist. Bei mittlerer Hitze von jeder Seite 1 Minute goldbraun backen. Weitere sieben Crêpes ebenso zubereiten.

5 Auf jeden Teller zwei Crêpes legen, Kirschen darübergeben und falten oder aufrollen. Mit dem Sirup aus der Pfanne und einem Klecks Sahne garnieren.

Feigentörtchen

6 Portionen / Zubereitungszeit 45 Minuten plus 60 Minuten Kühlzeit

300 g Mehl
3 EL extrafeiner Zucker
1 Prise Salz
2 EL geriebene Mandeln
180 g ungesalzene Butter
1 Ei
Öl zum Einfetten

Belag:
12 reife Feigen
1 ½ EL extrafeiner Zucker
160 g fettarmer Naturjoghurt

1 Für den Teig das Mehl, den Zucker, das Salz und das Mandelmehl 10 Sekunden lang in der Küchenmaschine oder mit einem Mixer verrühren. Die Butter hinzugeben und weiterrühren, bis die Mischung aus lauter groben Krümeln besteht. Das Ei hinzugeben und zu einem glatten Teig verrühren. Bei Bedarf 1 EL kaltes Wasser hinzufügen.

2 Den Teig zu einer Kugel formen, mit Plastikfolie umwickeln und 30 Minuten im Kühlschrank kalt stellen.

3 Den Backofen auf 200 °C vorheizen. Zwei Backbleche mit Öl einfetten.

4 Den Teig auf einer mit etwas Mehl bestreuten Arbeitsfläche auf 5 mm Dicke ausrollen und runde Scheiben mit 13 cm ∅ ausschneiden. Die Teigscheiben auf die Backbleche verteilen und mit den Fingerspitzen den Kreisumfang rundum leicht eindrücken, sodass die Scheiben aussehen wie Törtchen. Erneut 30 Minuten in den Kühlschrank stellen. Dann die Backbleche in den Backofen schieben und 12 Minuten backen. Die Hitze auf 180 °C reduzieren.

5 In der Zwischenzeit die Feigen schälen und in 5 mm dicke Scheiben schneiden. Die Scheiben so auf die Teigtörtchen legen, dass sie einander überlappen. Mit dem Zucker bestreuen und weitere 15 Minuten im Ofen backen. Die Törtchen mit ein wenig Joghurt warm servieren.

Orangenkuchen auf orientalische Art

1 Springform mit 22 cm ∅ / Zubereitungszeit 3 Stunden und 15 Minuten

5 große Orangen
6 Eier, verrührt
225 g Mandelmehl (geriebene Mandeln)
280 g extrafeiner Zucker
1 TL Backpulver
Puderzucker zum Bestäuben (nach Belieben)
250 g fettarmer Naturjoghurt

1 Zwei Orangen sorgfältig waschen, in einen Topf legen und mit Wasser bedecken. Aufkochen, dann herunterschalten, zudecken und 2 Stunden köcheln lassen. Anschließend die Orangen abkühlen lassen, aufschneiden, die Kerne herausholen und das Fruchtfleisch grob in Stücke schneiden.

2 Den Backofen auf 190 °C vorheizen. Eine Springform mit 22 cm ∅ einfetten und bemehlen. Die gekochten Orangen, die Eier, das Mandelmehl, den Zucker und das Backpulver in der Küchenmaschine oder mit dem Mixer gut verrühren.

3 Den Teig in die vorbereitete Springform gießen. Etwa eine Stunde backen, bis auch die Mitte fest geworden ist (bitte beachten, dass der Kuchen sehr feucht bleiben soll). Den Kuchen in der Form abkühlen lassen und ihn dann vorsichtig auf eine Kuchenplatte stürzen.

4 Die restlichen Orangen mit einem kleinen Küchenmesser schälen und die Segmente von den Häuten befreien. Nach Belieben den Kuchen mit Puderzucker bestreuen und ihn mit den frischen Orangensegmenten garniert servieren. Dazu ein wenig Joghurt reichen.

Schokoladen-Cannoli

12 Stück / Zubereitungszeit 60 Minuten

1 Ei	1/8 TL Mandelessenz	435 g Ricotta
55 g Zucker	75 g Weizenmehl	150 g Vollmilchschokolade
60 g ungesalzene Butter,	¼ TL Backpulver	mit Mandeln, in kleine
geschmolzen	**Füllung:**	Stückchen zerkleinert
½ TL Vanilleextrakt	165 g Zucker	65 g gehackte Pistazien
¼ TL abgeriebene	2½ EL Maismehl	
Schale einer unbehan-	250 ml Milch	
delten Zitrone	1 1/8 TL Vanilleextrakt	

1 Das Ei, den Zucker, die Butter, Vanille, Zitronenschale und Mandelessenz in einer großen Schüssel gut verrühren. Mehl und Backpulver vermengen und gut in die Eimasse einrühren, bis eine gleichmäßige Mischung entsteht.

2 Den Teig im Waffeleisen backen, dabei die Anleitung des Herstellers beachten. Die Waffeln sollten goldbraun werden. Jede Waffel sofort nach dem Backen zu einem Rohr formen, solange sie noch warm ist. Auf diese Weise 12 Cannoli-Hüllen herstellen und auf einem Gitter abkühlen lassen.

3 Für die Füllung den Zucker und das Maismehl in einen kleinen Topf geben und die Milch einrühren, bis die Flüssigkeit glatt ist. Die Mischung aufkochen lassen und unter Rühren 2 Minuten köcheln lassen, bis sie eingedickt ist. Die Vanille einrühren und beiseitestellen, bis die Mischung vollständig abgekühlt ist.

4 Die Ricotta in einer großen Schüssel glatt schlagen. Nach und nach die Mischung aus dem Topf hinzugeben und zuletzt die Schokoladenstückchen unterheben. Mit einem Löffel oder der Sahnepresse in die Hüllen einfüllen. Zuletzt beide Enden jedes Cannolos jeweils kurz in die Pistazien eintauchen und sofort servieren.

Mandelparfait mit Zitrone und Zimt

2 Portionen / Zubereitungszeit 25 Minuten plus 3 Stunden Gefrierzeit

80 g gemahlene geschälte Mandeln
60 g Rohrohrzucker
2 Eier
4 EL Sahne
abgeriebene Schale und Saft von ½ unbehandelten Zitrone
1 Prise Salz
½ TL gemahlener Zimt
geröstete Mandelblättchen und Zimt zum Garnieren (nach Belieben)

1 Die gemahlenen Mandeln in einer Pfanne ohne Fett bei schwacher bis mittlerer Hitze unter Rühren rösten, bis sie anfangen zu duften.

2 Den Zucker mit 150 ml Wasser in einem Topf zum Kochen bringen und etwa 4 Minuten köcheln lassen. Die Mandeln hinzufügen und alles nochmals aufkochen lassen. Den Zucker-Mandel-Sirup vom Herd nehmen; abkühlen lassen.

3 Die Eier trennen. Die Eigelbe in einer Schüssel mit dem Handrührgerät cremig schlagen, dann die Sahne unterrühren.

4 Eigelbsahne, Zitronensaft und Zitronenschale zum Zucker-Mandel-Sirup geben und erhitzen. Sobald die Mischung zu kochen beginnt, vom Herd nehmen.

5 Die Mandelcreme abkühlen lassen. Die Eiweiße mit Salz steif schlagen. Den Eischnee darunterheben und die Mandelparfaitmasse mit dem Zimt würzen. Die Masse in zwei Souffléförmchen füllen und für 3 Stunden ins Tiefkühlgerät stellen.

6 Vor dem Servieren etwas antauen lassen. Nach Belieben mit gerösteten Mandelblättchen und mit Zimt bestreuen.

Aprikosentorteletts mit Zitronenthymian

4 Torteletts / Zubereitungszeit 60 Minuten

Für den Teig:
Blätter von ¼ Bund Zitronenthymian
50 g Kastanienmehl (bzw. Buchweizen- oder Dinkelmehl), mehr zum Arbeiten
2 EL Inulin
1 EL Traubenkernmehl
½ TL Backpulver
1 Prise Salz
1 Ei
60 g Butter, mehr für die Formen
abgeriebene Schale von ½ unbehandelten Zitrone

Für den Belag:
200 g Aprikosen
100 g körniger Frischkäse
1 Ei
1 EL Agavensirup
70 g Rohrohrzucker
1 EL Vanillezucker
Saft von ½ Zitrone
¼ TL gemahlener Ingwer

1 Für den Teig die Zitronenthymianblätter (bis auf ein paar zum Garnieren) fein hacken. Aus Kastanienmehl, Inulin, Traubenkernmehl, Backpulver, Salz, Ei und Butter sowie gehacktem Zitronenthymian und Zitronenschale einen Mürbeteig herstellen. Den Teig zur Kugel formen, in Folie wickeln und etwa 30 Minuten kühl ruhen lassen.

2 Inzwischen für den Belag die Aprikosen waschen und trocken tupfen. Die Früchte halbieren, entsteinen und in Spalten schneiden. Den Frischkäse mit Ei, Agavensirup, Zucker, Vanillezucker sowie Zitronensaft und Ingwerpulver zu einer glatten Creme verrühren. Den Backofen auf 180 °C vorheizen. Die Formen mit Butter fetten.

3 Den Teig aus dem Kühlschrank nehmen und auf der bemehlten Arbeitsfläche ausrollen. Mit einer Tasse oder einem Glas (10 cm ∅) vier Kreise ausstechen. Die Teigkreise in die Formen legen, aus dem restlichen Teig die Ränder für die Torteletts formen.

4 Die Tortelettböden im heißen Ofen etwa 10 Minuten vorbacken. Herausnehmen. Die Creme auf die Tortelettböden verteilen und darauf die Aprikosenhälften setzen. Die Torteletts 20 Minuten backen. Aus dem Ofen nehmen, mit den Zitronenthymianblättchen bestreuen und lauwarm servieren.

Nektarinengratin mit Pinienkernen

2 Portionen / Zubereitungszeit 40 Minuten

3 Eigelb	2 Msp. gemahlene Vanille
40 g Rohrohrzucker	Butter für die Formen
Mark von 1 Vanilleschote	3 Nektarinen
oder	4 EL Pinienkerne

1 Die Eigelbe mit dem Zucker und Vanille in einer Metallschüssel mit einem Schneebesen gründlich verrühren.

2 Die Schüssel auf ein heißes Wasserbad setzen und die Eigelbmischung unter ständigem Rühren erhitzen, bis sie hell und cremig ist. Schüssel vom Wasserbad nehmen, die Creme abkühlen lassen, dabei ab und zu umrühren.

3 Die Formen mit Butter ausstreichen. Die Nektarinen waschen und trocken tupfen. Die Früchte halbieren und entsteinen; die Fruchthälften in feine Spalten schneiden und in die Gratinformen (16–18 cm ∅) schichten.

4 Den Backofengrill vorheizen. Die Creme über die Früchte gießen und die Pinienkerne darüberstreuen.

5 Die Gratins im Ofen (Mitte) unter dem heißen Grill in etwa 8 Minuten goldbraun überbacken. Aus dem Ofen nehmen, nach Belieben mit etwas Puderzucker bestäuben und noch warm servieren.

Orangencreme mit Pistazien

2 Portionen / Zubereitungszeit 25 Minuten plus 3 Stunden Kühlzeit

3 unbehandelte Orangen	30 g Rohrohrzucker
¼ TL Agar-Agar	100 ml Sahne
1 Ei	2 EL Pistazienkerne

1 Die Orangen heiß waschen und trocken tupfen. Den Saft von 2 Orangen auspressen und in einem kleinen Topf bei mittlerer Hitze erwärmen. Das Agar-Agar unterrühren, die Mischung nach Packungsangabe 2–3 Minuten köcheln und anschließend abkühlen lassen.

2 Das Ei trennen. Das Eigelb mit dem Zucker schaumig schlagen. Das abgekühlte Orangengelee unter die Eigelbcreme rühren. Sahne steif schlagen; Eiweiß ebenfalls steif schlagen. Sahne und Eischnee unter die Orangenmasse ziehen.

3 Von der dritten Orange die Hälfte der Schale abreiben, dann die Orange dick schälen und das Fruchtfleisch quer in Scheiben schneiden. Die Scheiben halbieren.

4 Abwechselnd die Orangencreme mit den Orangenscheiben in zwei hohe Dessertgläser schichten und für etwa 4 Stunden in den Kühlschrank stellen.

5 Die Pistazien fein hacken. Die Orangencreme mit der Orangenschale und den Pistazien bestreuen und servieren.

Orangensorbet

6 Portionen / Zubereitungszeit 25 Minuten plus 8 Stunden Gefrierzeit

220 g Zucker
12 Streifen Schale einer unbehandelten Orange, je 3–7 cm lang
750 ml Orangensaft
3 EL Zitronensaft
2 EL Orangenlikör wie Cointreau
Wodka (optional)

1 Zucker, Orangenschale und 250 ml Wasser in einem kleinen Topf zum Kochen bringen. Rühren, bis sich der Zucker aufgelöst hat. Vom Feuer nehmen, Orangenschale herausnehmen und entsorgen. Sirup weitere 5 Minuten bei schwacher Hitze köcheln lassen, dann vom Herd nehmen.

2 In einer großen Schüssel Orangensaft, Zitronensaft, Orangenlikör und übrigen Zuckersirup mischen. Die Mischung in einer Eismaschine nach Anweisungen des Herstellers verarbeiten. Haben Sie keine Eismaschine, lassen Sie eine 33 × 23 cm große Backform im Gefrierschrank durchkühlen. Geben Sie die Mischung hinein, decken Sie sie ab und lassen Sie sie 1½ Stunden frieren, bis sie sulzig wird. Alle 30 Minuten umrühren. Anschließend in der Küchenmaschine glattrühren.

3 In eine große Tupperschüssel umgießen und 8 Stunden oder über Nacht frieren lassen. Dieses Sorbet kann bis zu zwei Wochen vor dem Servieren zubereitet werden.

Feigentarte mit Orangenjoghurt

8 Portionen / Zubereitungszeit 40 Minuten

Für den Boden:
2 Eier, getrennt
70 g extrafeiner Zucker
100 g Mehl
1 Eiweiß

Für den Belag:
1 unbehandelte Orange, heiß abgewaschen
8 reife Feigen, gewaschen und trocken getupft
250 g Naturjoghurt
1 EL Puderzucker
4 EL Orangenlikör

1 Eine Springform (22 cm ∅) fetten und den Boden mit Backpapier auslegen. Eigelbe mit 1 EL warmem Wasser mit dem elektrischen Handrührer 3 Minuten schaumig rühren. Mit dem Zucker hell und cremig schlagen.

2 Den Backofen auf 180 °C vorheizen. Das Mehl auf die Eiercreme sieben und gründlich unterziehen. Die 3 Eiweiße zu steifem Schnee schlagen und behutsam unterheben.

3 Teig in die Form geben und glatt streichen. In 25 Minuten goldbraun backen. Aus der Form lösen und auf einem Gitter auskühlen lassen.

4 Inzwischen von der Orange die Schale fein abreiben; die Frucht auspressen. Feigen jeweils in acht Spalten schneiden.

5 Joghurt mit Puderzucker und Orangenabrieb vermischen. Orangensaft und Orangenlikör verrühren.

6 Den Tortenboden auf einer Kuchenplatte mit der Likörmischung beträufeln, mit dem Joghurt bestreichen und die Feigen darauf arrangieren. Mit Frischhaltefolie bedeckt 1 Stunde kalt stellen. Möglichst sofort servieren.

Melonen mit Himbeersoße

4 Portionen / Zubereitungszeit 20 Minuten

350 g frische oder TK-Himbeeren 1 TL Zitronensaft 2 EL Honig	1 große reife Cantaloupe-Melone frische Minzeblätter, zum Dekorieren

1 Einige Himbeeren zum Dekorieren beiseitelegen. Die restlichen Früchte in der Küchenmaschine oder einem Mixer pürieren. Das fertige Püree durch ein Sieb in eine Schüssel streichen.

2 Zitronensaft und Honig zufügen. Alles gut verrühren und beiseitestellen.

3 Die Melone vierteln, entkernen und faserige Teile entfernen. Die einzelnen Viertel schälen und mit einem scharfen Messer quer ein-, aber nicht durchschneiden, sodass sich die Viertel fächerförmig auf einem Teller anrichten lassen.

4 Das Himbeerpüree auf 4 Teller verteilen. Je einen Melonenfächer darauflegen und mit Minzeblättern und den beiseitegelegten Himbeeren dekorieren.

Gebackene Pfirsiche

4 Portionen / Zubereitungszeit 20 Minuten

4 Pfirsichhälften aus der Dose, gut abgetropft, etwa 100 ml aufgefangener Saft	6 TL Himbeerkonfitüre
4 Briochescheiben (je 1,5–2 cm dick)	4 EL Mascarpone
	1 EL Zucker
	25 g Butter
	15 g gehobelte Mandeln
	2 EL Weinbrand

1 Den Backofen auf 240 °C vorheizen. Ein Sieb auf einen Topf setzen und die Pfirsichhälften darin abtropfen lassen.

2 Die Briochescheiben zu Kreisen schneiden, die etwas größer als die Pfirsichhälften sind. Die Kreise großzügig mit Himbeerkonfitüre bestreichen und in eine flache Auflaufform legen.

3 Eine Pfirsichhälfte mit 1 EL Mascarpone füllen. Mit der Rundung nach oben auf eine Briochescheibe setzen und andrücken, damit der Mascarpone später nicht ausläuft. (Wenn etwas Mascarpone zu sehen ist, macht das nichts – Hauptsache, der Großteil befindet sich in der Pfirsichhälfte.) Mit den restlichen Pfirsichhälften und dem restlichen Mascarpone ebenso verfahren.

4 Die Hälfte des Zuckers auf die Pfirsiche streuen. Die Butter in 4 Scheiben schneiden. Eine Butterscheibe auf jede Pfirsichhälfte legen und etwas andrücken. Die gehobelten Mandeln daraufgeben und leicht in die Butter drücken, damit sie während des Backens nicht herunterfallen. Den restlichen Zucker daraufstreuen.

5 Die Pfirsiche im heißen Ofen etwa 7 Minuten überbacken, bis die Butter geschmolzen ist und die Mandelblättchen leicht gebräunt sind. Die Ränder der Briochescheiben sollten braun und stellenweise knusprig sein.

6 In der Zwischenzeit den aufgefangenen Sirup etwa 3 Minuten sprudelnd kochen lassen, bis er eingedickt ist. Die gebackenen Pfirsiche auf vorgewärmte Teller setzen. Den Weinbrand unter den Sirup mischen und diesen auf die Pfirsiche verteilen; sofort servieren.

Honigmelone mit Zitronensoße

8 Portionen / Zubereitungszeit 30 Minuten

1 Honigmelone

Für die Soße:

200 g Demerara-Zucker (Rohrohrzucker)

50 g frische Ingwerwurzel

1–2 EL Zitronensaft

frische Minzestängel zum Garnieren

1 Für die Soße den Ingwer schälen und fein reiben; harte Fasern entfernen.

2 Den geriebenen Ingwer, den Rohrzucker und 1 EL Zitronensaft in einem Topf mit ¼ l Wasser zum Kochen bringen; dabei häufig umrühren, um den Zucker vor dem Aufkochen aufzulösen. Auf kleine Hitze herunterschalten und etwa 20 Minuten köcheln lassen, bis die Soße leicht eingedickt ist. Abschmecken und nach Belieben noch etwas Zitronensaft zufügen.

3 Die Soße in eine Schale geben und etwa 30 Minuten abkühlen lassen. Danach die Soße und die ganze Melone über Nacht getrennt voneinander in den Kühlschrank stellen. Die Frucht sollte gut gekühlt serviert werden.

4 Vor dem Servieren die Melone der Länge nach halbieren und mit einem Löffel die Kerne entfernen. Jede Hälfte in vier Schnitze schneiden, dann die Schale abschneiden. Je ein Melonenstück auf einen Teller geben, die gekühlte Soße darübergießen und mit einem Minzestängel garnieren.

Pistaziencreme

4 Portionen / Zubereitungszeit 20 Minuten

50 g Pistazienkerne	400 g Joghurt
200 ml Milch	5–6 EL Minzlikör (oder
4 Eigelb	Waldmeistersirup oder
30 g Instant-Gelatine	grüne Lebensmittelfarbe)
80 g Zucker	50 g Heidelbeeren

1 Die Pistazien im Blitzhacker fein mahlen. Die Milch aufkochen lassen und die Pistazien unterrühren. Vom Herd nehmen und abkühlen lassen.

2 Die Eigelbe mit der Gelatine in einer Metallschüssel über dem heißen Wasserbad aufschlagen, bis die Eimasse hell und cremig wird. Zum Schluss den Zucker unterrühren und die Creme vom Wasserbad nehmen.

3 Falls die Pistazienkerne noch zu grob sind, die Pistazienmilch mit dem Stabmixer aufschlagen. Die Pistazienmilch unter Rühren zur Eigelbmasse gießen, dann den Joghurt unterheben.

4 Die Creme halbieren. Eine Hälfte auf vier Gläser verteilen, diese in den Kühlschrank stellen. In die andere Hälfte den Minzlikör (oder so viel Lebensmittelfarbe, dass die Masse schön grün wird) rühren. Ebenfalls kalt stellen.

5 Sobald beide Massen beginnen, fest zu werden, die grüne Masse auf die Creme in den Gläsern schichten. Zum Servieren die Cremeportionen mit Heidelbeeren garnieren.

Zitronencreme

4 Portionen / Zubereitungszeit 30 Minuten

1 große unbehandelte Zitrone
50 g weiche Butter
100 g Zucker
3 Eigelb
40 ml Limoncello (italienischer Zitronenlikör)
40 g gehackte Mandeln
250 ml Sahne

1 Ein heißes Wasserbad vorbereiten. Die Zitrone heiß abwaschen und trocken reiben. Die Schale fein abreiben und den Saft auspressen.

2 Die Butter mit dem Zucker in einer Metallschüssel cremig schlagen. Die Eigelbe unterschlagen, dann den Zitronensaft und den Limoncello unterrühren.

3 Die Schüssel auf das heiße Wasserbad setzen und die Masse mit dem Schneebesen etwa 5 Minuten schlagen, bis sie andickt. Vom Wasserbad nehmen.

4 Die Schüssel auf ein eiskaltes Wasserbad setzen und die Masse weiterschlagen, bis sie kalt wird. Die Mandeln und die Zitronenschale unterrühren.

5 Die Sahne steif schlagen und unter die Zitronen-Mandel-Masse heben. Die Creme bis zum Servieren kalt stellen. Nach Belieben mit Minzpesto anrichten.

Klassisches Tiramisu

4 – 6 Portionen / Zubereitungszeit 25 Minuten plus 4 Stunden Kühlzeit

200 ml kalter starker Espresso	2 Eigelb	250 g Speisequark (20 % Fett)
2 EL Weinbrand	60 g Zucker	Kakaopulver zum Bestäuben
140 g Löffelbiskuits (16 Stück)	abgeriebene Schale von ½ unbehandelten Zitrone	Außerdem: Frischhaltefolie
	250 g Mascarpone	

1 Den Espresso mit dem Weinbrand mischen. Die Hälfte der Löffelbiskuits mit der Zuckerseite nach unten in eine rechteckige Form (etwa 15 × 22 cm) legen und mit der Hälfte der Espressomischung beträufeln. Die restliche Espressomischung in einen tiefen Teller gießen.

2 Die Eigelbe mit dem Zucker mit den Quirlen des Handrührgeräts in etwa 2 Minuten cremig schlagen. Die Zitronenschale dazugeben. Den Mascarpone und den Quark nach und nach unter die Eigelbcreme rühren. Weiterrühren, bis die Creme schön glatt ist.

3 Die Hälfte der Mascarponecreme auf die Biskuits in der Form verteilen und glatt streichen.

4 Die übrigen Biskuits kurz in der restlichen Espressomischung tränken und anschließend auf die Mascarponecreme legen. Die Löffelbiskuits mit der restlichen Creme bestreichen.

5 Die Form mit Frischhaltefolie verschließen und das Tiramisu mindestens 4 Stunden im Kühlschrank ziehen lassen. Vor dem Servieren mit Kakaopulver bestäuben.

Crêpes Suzette mit Orangensoße

4 Portionen / Zubereitungszeit 30 Minuten

50 g Butter plus	3 Orangen
2 EL zum Karamellisieren	(davon 1 unbehandelt)
2 Eier	2 EL Öl
200 ml Milch	50 g Zucker
100 g Mehl	6 EL Orangenlikör
1 Prise Salz	(z. B. Grand Marnier)

1 50 g Butter zerlassen und abkühlen lassen. Aus Eiern, Milch, zerlassener Butter, Mehl und Salz in einer Rührschüssel mit einem Schneebesen einen glatten Pfannkuchenteig herstellen. Den Teig zugedeckt 10 Minuten ruhen lassen.

2 Inzwischen die Schale von der unbehandelten Orange abreiben und den Saft auspressen; davon 75 ml abmessen. Die anderen Orangen so dick schälen, dass die weiße Haut mit entfernt wird. Das Fruchtfleisch quer in Scheiben schneiden, die Scheiben halbieren.

3 Eine große Pfanne mit etwas Öl ausstreichen. Ein Viertel des Teiges hineingießen und gleichmäßig verteilen. Die Crêpe auf beiden Seiten bei mittlerer Hitze hellgelb backen und auf einen Teller legen. Zudecken. Aus dem restlichen Teig drei weitere Crêpes backen.

4 Den Zucker mit den 2 EL Butter in der Pfanne hell karamellisieren. Mit dem Orangensaft ablöschen und die Orangenschale unterrühren. Die Orangenscheiben in dem Orangenkaramell wenden. Herausnehmen.

5 Die Crêpes zweimal so zusammenfalten, dass Dreiecke entstehen. Diese nebeneinander in die Pfanne legen, dabei einmal wenden. Den Orangenlikör erhitzen und über die Crêpes träufeln; mit einem langen Streichholz anzünden. Die Crêpes mit den Orangen und nach Belieben mit Vanilleeis anrichten.

Melonensorbet mit Minze

4 Portionen / Zubereitungszeit 25 Minuten

6 Stängel Minze
60 g Zucker
1 Cantaloupe-Melone (700 g) oder andere Zuckermelone
20 g Puderzucker
8 EL Zitronensaft
abgeriebene Schale von 1 unbehandelten Zitrone

1 Die Minze waschen und trocken schütteln. 125 ml Wasser und den Zucker in einem Topf verrühren. Unter gelegentlichem Rühren aufkochen lassen, bis sich der Zucker aufgelöst hat. Vom Herd nehmen. 5 Minzestängel in den Sirup geben; 5 Minuten darin ziehen lassen.

2 Inzwischen die Melone vierteln, entkernen und schälen. Das Fruchtfleisch (etwa 400 g) grob zerkleinern und mit dem Puderzucker pürieren.

3 Die Minze aus dem Sirup nehmen. Zitronensaft und -schale unter den Sirup rühren und die Mischung unter das Melonenpüree mixen.

4 Die Melonenmasse in einen flachen gefriergeeigneten Behälter füllen und mit dem passenden Deckel oder ersatzweise mit Alufolie fest verschließen. Im Tiefkühlgerät in etwa 4 Stunden gefrieren lassen, bis die Masse fest ist.

5 Vom sechsten Minzestängel die Blättchen abzupfen. Die gefrorene Melonenmasse in Stücke teilen und im Mixer cremig rühren.

6 Das cremige Sorbet mithilfe eines Eisportionierers in Kugeln auf Eisschalen oder Cocktailgläser verteilen. Mit den Minzeblättchen garnieren und sofort servieren.

Honig-Thymian-Eiscreme

4 Portionen / Zubereitungszeit 30 Minuten

400 ml Sahne
250 ml Milch
15 Thymianzweige
1 EL fein abgeriebene Schale einer unbehandelten Zitrone
2 Eier
80 g Zucker
200 g Honig
¼ TL Vanilleessenz

Zum Garnieren:
1 Eiweiß
Zucker
4 Thymianzweige

1 In einem Topf Sahne mit Milch, Thymianzweigen und Zitronenabrieb behutsam aufkochen. Von der Kochstelle nehmen und 2 Stunden ziehen lassen. Thymianzweige herausfischen und wegwerfen. Eier mit Zucker und Honig vermischen. Auf mittlerer Stufe unter Rühren erhitzen (aber nicht kochen), bis der Honig flüssig geworden ist.

2 Mit einem Holzlöffel die flüssige Honigmischung portionsweise in die aromatisierte Sahne rühren und dabei erneut erhitzen (nicht kochen lassen!), bis die Masse dicklich ist und den Rücken des Holzlöffels überzieht.

3 In eine saubere Schüssel gießen und die Vanilleessenz unterrühren. Zugedeckt mindestens 3 Stunden auskühlen lassen. Anschließend in der Eismaschine cremig frieren.

4 Zum Garnieren das Eiweiß leicht schaumig schlagen. Etwas Zucker auf einen Teller streuen. Die Thymianzweige ins Eiweiß tauchen, überschüssiges Eiweiß abschütteln, die Zweige anschließend im Zucker wenden, bis sie überzogen sind. Den Überzug mindestens 1 Stunde fest werden lassen. Die Eiscreme in dekorativen Kugeln anrichten und mit den überzuckerten Thymianzweigen garnieren.

Orientalischer Pudding

6 Portionen / Zubereitungszeit 40 Minuten plus 2 Stunden Kühlzeit

60 g Bulgur in feiner oder mittelfeiner Körnung
¼ TL Kardamompulver
300 ml fettarme Milch
85 g Sultaninen
¼ TL Zimtpulver
1 EL Honig oder Agavensirup
1 großes Ei
4 TL fein abgeriebene Zitronenschale
3 Tropfen Vanillearoma
4 EL gehackte Pistazien oder geröstete Mandelsplitter, zum Garnieren

1 Bulgur, Kardamom und 250 ml Wasser in einen Topf geben und bei mittlerer Hitze aufkochen. Den Topf vom Herd nehmen, abdecken und den Bulgur etwa 20 Minuten quellen lassen, bis er gar ist. Überschüssiges Wasser abgießen, den Bulgur ausdrücken und dann in den Topf zurückgeben.

2 Milch, Sultaninen, Zimt und Honig oder Agavensirup zufügen und alles bei mittlerer Hitze unter häufigem Rühren aufkochen. Die Hitze leicht reduzieren und alles 2 Minuten unter Rühren weiterkochen.

3 Das Ei in einer Schüssel verquirlen. Nach und nach die Bulgurmischung unterrühren. Alles in den Topf zurückgeben und die Mischung unter ständigem Rühren erneut erhitzen, bis sie leicht eindickt. (Die Mischung darf nun nicht mehr kochen. Der Pudding ist fertig, wenn er 70 °C erreicht hat, was mithilfe eines Bratenthermometers festgestellt werden kann.)

4 Den Pudding in eine saubere Schüssel umfüllen. 2 TL Zitronenschale und das Vanillearoma einrühren. Die Masse leicht abkühlen lassen, dann abgedeckt ca. 2 Stunden kalt stellen, bis sie durchgekühlt ist.

5 Den Pudding auf 4 Dessertschalen verteilen, mit je 1 EL Pistazien oder Mandeln dekorieren und mit der restlichen Zitronenschale bestreut servieren.

Register

Einleitung
Petra Bachmann für booklab GmbH, München

Reader's Digest
Redaktion: Falko Spiller
Grafik und Prepress: Klaus Eitel
Bildredaktion: Sabine Schlumberger

Redaktionsdirektor: Michael Kallinger
Redaktionsleiterin Buch: Almuth Stiefvater
Art Director: Susanne Hauser

Produktion
Arvato Supply Chain Solutions SE, Thomas Kurz

Druck und Binden
Mohn Media Mohndruck, Gütersloh

Printed in Germany
ISBN 978-3-95619-502-0

Bildnachweis
Alle Bilder von Reader's Digest; außer Covervorder- und -rückseite, Seiten 2–19, alle Illustrationen: iStock

Besuchen Sie uns im Internet
www.readersdigest.de | www.readersdigest.at